予習なしでも授業ができる！
個別指導・家庭教師の教科書

中1数学

なかがわひろし

◆この本を使用する先生方へ

この本を使用する先生方へ

　本書は個別指導や家庭教師の先生に向けて，限られた時間内で効率的かつ効果的な授業を行うために作成しました。個別指導や家庭教師の先生方は「授業の予習に時間がかかり過ぎる」「同時に2～3名担当すると手が回らない」といった経験をされていることと思います。また，はじめて個別指導や家庭教師を行う先生は「授業で何をやれば成績が上がるのかわからない」のではないでしょうか。そのような学習指導の場面での問題を解決するために本書を作成しました。また，お父さん，お母さん，お兄さん，お姉さんが先生となって家庭学習を行う際の教材としても最適です。以下に本書を使った学習指導例を紹介します。参考にしてください。

なかがわ　ひろし

★指導例①〈中学1年生，または苦手な中学2～3年生〉

①新たに学習する単元は，【指導のポイント】にそって説明
②「演習テスト」部分のコピーを配布（おススメ：B4拡大＆複数回分配）
③生徒の演習中に解答・解説と次の【指導のポイント】部分をチェック
　（空いた時間で，宿題の採点，報告書作成，他の生徒を指導など）
④生徒の答案を採点し，できなかった問題を本書の解説にそって説明
⑤宿題は全問正解できなかったテスト問題をコピー配布

★指導例②〈中学2～3年生の基礎学力＆実力テスト＆入試対策〉

①「演習テスト」部分のコピーを配布（おススメ：B4拡大＆複数回分配）
②生徒の演習中に解答・解説の部分をチェック（＋他の生徒の指導など）
③生徒の答案を採点し，できなかった問題を本書の解説に沿って説明
④宿題は全問正解できなかったテスト問題をコピー配布

◆もくじ

＊もくじ＊

この本を使用する先生方へ（指導例紹介）・・・・・・・・・・・・・・・・・・・・・・・・ 2

● 正負の数【指導のポイント】・・・・・・・・・・・・・・・・・・・・・・・・・・・・・・・・・ 4
　演習テスト（第1回～第18回）・・・・・・・・・・・・・・・・・・・・・・・・・・・・ 6
　解答・・ 42
● 文字と式【指導のポイント】・・・・・・・・・・・・・・・・・・・・・・・・・・・・・・・・・ 48
　演習テスト（第19回～第26回）・・・・・・・・・・・・・・・・・・・・・・・・・・・・ 50
　解答・・ 66
□ 学習進度表・・ 69
● 1次方程式【指導のポイント】・・・・・・・・・・・・・・・・・・・・・・・・・・・・・・・ 70
　演習テスト（第27回～第32回）・・・・・・・・・・・・・・・・・・・・・・・・・・・・ 72
　解答解説・・ 84
● 比例・反比例【指導のポイント】・・・・・・・・・・・・・・・・・・・・・・・・・・・・・ 98
　演習テスト（第33回～第38回）・・・・・・・・・・・・・・・・・・・・・・・・・・ 100
　解答解説・・ 112
● 図形（平面図形・空間図形）【指導のポイント】・・・・・・・・・・・・・・ 124
　演習テスト（第39回～第40回）・・・・・・・・・・・・・・・・・・・・・・・・・・ 130
　解答解説・・ 138
● 作図【指導のポイント】・・・・・・・・・・・・・・・・・・・・・・・・・・・・・・・・・・・ 142
　演習テスト（第41回～第42回）・・・・・・・・・・・・・・・・・・・・・・・・・・ 146
　解答解説・・ 150
● 資料のちらばりと代表値【指導のポイント】・・・・・・・・・・・・・・・・・ 154
　演習テスト（第43回）・・・・・・・・・・・・・・・・・・・・・・・・・・・・・・・・・・・ 156
　解答解説・・ 158

あとがき（本書の作成にあたって）・・・・・・・・・・・・・・・・・・・・・・・・・・・ 159

◆正負の数

●正負の数【指導のポイント】

＊算数の復習と中学数学の土台となる最重要単元です。塾や家庭教師の授業では，できることを前提に飛ばしがちな単元ですが，実際は完璧にできる生徒の割合は少なく，**分数の計算ができない中3生も少なくありません**。特に，マイナス符号を含む計算でミスをする生徒は（たとえ入試が近い時期であっても）ここからやり直す必要があります。指導上のポイントは，完璧にできるまで根気よく何度も繰り返すことです。本書では，他の単元と比べて多くの［演習テスト］問題を配置しています。［演習テスト］は満点が取れるまでに繰り返してください。

★数学用語の確認

・正の数：プラスの数
・負の数：マイナスの数
・0：ゼロ／原点
・整数：小数や分数に
　　　　なっていない数
・自然数：正の整数
・絶対値：数直線上の原点からの距離の値（符号以外の数の部分の値）

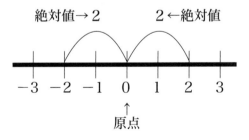

◆正負の数

★四則の名称 ［＋－×÷］

・足し算（＋）：**加法，和**　　・引き算（－）：**減法，差**

・かけ算（×）：**乗法，積**　　・割り算（÷）：**除法，商**

★四則計算の手順

①（　）のある場合は，（　）内を先に計算

②かけ算（乗法・積）（×），割り算（除法・商）（÷）

③足し算（加法・和）（＋），引き算（減法・差）（－）

［例］ $2(7-5)+3$ 　←①（　）内を計算

　　　$= 2 \times 2 + 3$ 　←②かけ算の部分を計算

　　　$= 4 + 3$ 　←③足し算の部分を計算

　　　$= \underline{7}$

★異符号の2数の和

・絶対値の大きい数の符号（絶対値の大きい数－絶対値の小さい数）

［例］ $(+5)+(-7)$ 　←絶対値が大きいのは（－7）：符号はマイナスになる

　　　$= -(7-5)$ 　←（絶対値の大きい数－絶対値の小さい数）

　　　$= \underline{-2}$

★累乗：同じ数や文字を複数回かけたもの

・2乗（平方）：同じ数や文字を2回かけたもの

［例］ 2^2 （2を2回かけたもの） $= 2 \times 2 = \underline{4}$

［例］ $-2^2 = -2 \times 2 = \underline{-4}$

［例］ $(-2)^2$ （－2を2回かけたもの） $= (-2) \times (-2) = \underline{4}$

◆正負の数

第1回 演習テスト	正負の数　和差計算①	学習日　　月　　日
	なまえ	得点

(1) $-3+8$　　（千葉）

(2) $-8+3$　　（和歌山）

(3) $-7+4$　　（青森）

(4) $-4+7$　　（長野）

(5) $-7+9$　　（和歌山）

(6) $-9+7$　　（北海道）

(7) $-7+3$　　（青森）

(8) $-3+7$　　（佐賀）

(9) $-8+6$　　（徳島）

(10) $-8+7$　　（青森）

(11) $-4+3$　　（佐賀）

(12) $-6+3$　　（石川）

(13) $-9+6$　　（栃木）

(14) $-9+5$　　（熊本）

(15) $-2+7$　　（愛媛）

(1)		(2)		(3)	
(4)		(5)		(6)	
(7)		(8)		(9)	
(10)		(11)		(12)	
(13)		(14)		(15)	

◆正負の数

第2回 演習テスト	正負の数　和差計算② なまえ	学習日　月　日 得点

(1) $7+(-4)$　　（山口）

(2) $2+(-6)$　　（大阪）

(3) $7+(-10)$　　（大阪）

(4) $4+(-9)$　　（群馬）

(5) $7+(-9)$　　（千葉）

(6) $5+(-9)$　　（長野）

(7) $2+(-9)$　　（愛媛）

(8) $6+(-8)$　　（長野）

(9) $3+(-10)$　　（大阪）

(10) $(-2)+11$　　（群馬）

(11) $(-2)+7$　（山口）

(12) $(-7)+15$　（千葉）

(13) $(-3)+7$　（群馬）

(14) $(-8)+3$　（山口）

(15) $(-6)+5$　（群馬）

(1)		(2)		(3)	
(4)		(5)		(6)	
(7)		(8)		(9)	
(10)		(11)		(12)	
(13)		(14)		(15)	

◆正負の数

第3回 演習テスト	正負の数　和差計算③ なまえ	学習日　月　日 得点

(1) $(-5)+(-5)$　　　（千葉）

(2) $-5+(-3)-1$　　（山形）

(3) $-4+5-(-3)$　　（香川）

(4) $2-(-4)-7$　　　（広島）

(5) $-3-(-2)+7$　　（山形）

(6) $1+(-8)-6$　　　（山形）

(7) $8-15-(-2)$　　　（佐賀）

(8) $2-7-(-8)$　　　（山形）

(9) $4-7+(-8)$　　　（石川）

(10) $6+(-17)-(-2)$　（愛知）

(11) $11-(-3)+(-9)$ （愛知）

(12) $6-(-3)+(-2)$ （香川）

(13) $1+(-5)-(-2)$ （香川）

(14) $4+(-7)+(-5)$ （高知）

(15) $8+(-2)+(-3)$ （高知）

(1)	(2)	(3)
(4)	(5)	(6)
(7)	(8)	(9)
(10)	(11)	(12)
(13)	(14)	(15)

◆正負の数

第4回 演習テスト	正負の数　積商計算①	学習日　　月　　日
	なまえ	得点

(1) -7×6　　　　　（奈良）

(2) $7 \times (-6)$　　　　（三重）

(3) $4 \times (-12)$　　　　（長野）

(4) $8 \times (-3)$　　　　（岡山）

(5) $4 \times (-7)$　　　　（北海道）

(6) $-5 \times (-3)$　　　（千葉）

(7) -5×6　　　　　（北海道）

(8) $6 \times (-7)$　　　　（奈良）

(9) $6 \times (-4)$　　　　（岡山）

(10) $5 \times (-6)$　　　　（福島）

(11) $9 \times (-5)$　　　（青森）

(12) $(-4) \times (-6)$　　　（愛媛）

(13) $(-3) \times (-7)$　　　（徳島）

(14) $(-2) \times (-9)$　　　（福島）

(15) $(-5) \times (-4)$　　　（兵庫）

◆正負の数

(1)	(2)	(3)
(4)	(5)	(6)
(7)	(8)	(9)
(10)	(11)	(12)
(13)	(14)	(15)

◆正負の数

第5回 演習テスト	正負の数　積商計算② なまえ	学習日　月　日 得点

(1) $24 \div (-6)$　　　　　（広島）

(2) $21 \div (-3)$　　　　　（岡山）

(3) $24 \div (-3)$　　　　　（高知）

(4) $16 \div (-2)$　　　　　（佐賀）

(5) $27 \div (-3)$　　　　　（高知）

(6) $(-48) \div 6$　　　　　（岡山）

(7) $(-12) \div 4$　　　　　（徳島）

(8) $(-15) \div 3$　　　　　（栃木）

(9) $(-27) \div 9$　　　　　（愛媛）

(10) $(-8) \div 2$　　　　　（栃木）

(11) $-12 \div 4$　　　　　（千葉）

(12) $-63 \div 9$　　　　　（広島）

(13) $-15 \div 3$　　　　　（大分）

(14) $(-28) \div (-7)$　　　（愛媛）

(15) $(-26) \div (-2)$　　　（岡山）

(1)		(2)		(3)	
(4)		(5)		(6)	
(7)		(8)		(9)	
(10)		(11)		(12)	
(13)		(14)		(15)	

◆正負の数

第6回 演習テスト	正負の数　四則計算①	学習日　　月　　日
	なまえ	得点

(1) $4 \times (-3) + 7$　　　（埼玉）

(2) $6 - 2 \times (-5)$　　　（宮城）

(3) $7 + 3 \times (-5)$　　　（福岡）

(4) $9 + (-2) \times 6$　　　（静岡）

(5) $9 + (-2) \times 3$　　　（長崎）

(6) $3 \times (-6) + 5$　　　（宮城）

(7) $2 - 3 \times (-2)$　　　（群馬）

(8) $8 - (-2) \times 3$　　　（愛知）

(9) $5 + (-2) \times 7$　　　（熊本）

(10) $5 \times (-2) + 9$　　　（滋賀）

(11) $4 - 2 \times (-3)$　　　（島根）

(12) $2 \times (-3) + 8$　　　（長崎）

(13) $1 + 3 \times (-2)$　　　（福岡）

(14) $7 + (-3) \times 4$　　　（広島）

(15) $6 - 3 \times (-4)$　　　（愛知）

(1)		(2)		(3)	
(4)		(5)		(6)	
(7)		(8)		(9)	
(10)		(11)		(12)	
(13)		(14)		(15)	

◆正負の数

第7回 演習テスト	正負の数　四則計算② なまえ	学習日　　月　　日 得点

(1) $3 \times (-4) + 7$　　　　　（滋賀）

(2) $8 - 2 \times (-3)$　　　　　（佐賀）

(3) $8 \div (-4) - (-5)$　　　　（大阪）

(4) $-8 + 20 \div (-5)$　　　　（静岡）

(5) $9 + 4 \times (-3)$　　　　　（福岡）

(6) $8 + 12 \div (-4)$　　　　　（富山）

(7) $5 - 5 \times (-6)$　　　　　（三重）

(8) $7 + (-3) \times 4$　　　　　（長崎）

(9) $-5 + (-4) \times (-2)$　　　（香川）

(10) $8 \div (-2) + 3$　　　　　（埼玉）

◆正負の数

(11) $4 - 2 \times (-3)$　　　　（福井）

(12) $3 + 16 \div (-2)$　　　　（静岡）

(13) $9 - 5 \times (-3)$　　　　（静岡）

(14) $14 - 21 \div (-7)$　　　　（愛知）

(15) $15 - 6 \times (-3)$　　　　（島根）

(1)	(2)	(3)
(4)	(5)	(6)
(7)	(8)	(9)
(10)	(11)	(12)
(13)	(14)	(15)

◆正負の数

第8回 演習テスト	正負の数　小数の計算		学習日　　月　　日
	なまえ		得点

(1) $38.5 - 16.8$　（沖縄）

(2) 7×0.9　（熊本）

(3) 1.3×0.5　（沖縄）

(4) $2.7 \div 0.6$　（沖縄）

(5) $1.8 \div 3$　（熊本）

(6) $18 \div 0.4$　（長崎）

(7) $6.4 \div 4$　（沖縄）

(8) $0.6 \div 3$　（熊本）

(9) 3.2×0.7　（沖縄）

(10) $4.32 \div 6$　（沖縄）

(11) 1.8×0.4　　（沖縄）

(12) $(-0.5) \times 6$　　（山梨）

(13) $0.2 \div (-5)$　　（青森）

(14) $(-2.5) \times 0.4$　　（愛媛）

(15) $1.5 \times (-3)$　　（愛媛）

(1)		(2)		(3)	
(4)		(5)		(6)	
(7)		(8)		(9)	
(10)		(11)		(12)	
(13)		(14)		(15)	

◆正負の数

第9回 演習テスト	正負の数　分数の積商① なまえ	学習日　　月　　日 得点

(1) $10 \times \dfrac{8}{5}$　　　　（熊本）

(2) $\dfrac{6}{7} \times \dfrac{5}{9}$　　　　（広島）

(3) $(-8) \times \dfrac{3}{4}$　　　　（高知）

(4) $-9 \times \dfrac{2}{3}$　　　　（佐賀）

(5) $(-6) \times \dfrac{2}{3}$　　　　（青森）

(6) $10 \times \left(-\dfrac{1}{5}\right)$　　　　（青森）

(7) $8 \times \left(-\dfrac{5}{4}\right)$　　　　（高知）

(8) $-\dfrac{4}{3} \times \left(-\dfrac{15}{8}\right)$　　　　（宮崎）

(9) $\left(-\dfrac{10}{3}\right) \times \dfrac{9}{5}$　　　　（高知）

(10) $\dfrac{3}{2} \times \left(-\dfrac{4}{9}\right)$　　　　（高知）

(11) $\dfrac{1}{6} \times \left(-\dfrac{3}{2}\right)$　　　（佐賀）

(12) $\dfrac{3}{2} \times \left(-\dfrac{7}{9}\right)$　　　（福島）

(13) $\dfrac{3}{4} \times \left(-\dfrac{5}{6}\right)$　　　（佐賀）

(14) $\dfrac{4}{5} \times \left(-\dfrac{3}{2}\right)$　　　（岩手）

(15) $-\dfrac{5}{8} \times \dfrac{4}{3}$　　　（宮崎）

(1)		(2)		(3)	
(4)		(5)		(6)	
(7)		(8)		(9)	
(10)		(11)		(12)	
(13)		(14)		(15)	

◆正負の数

第10回 演習テスト	正負の数　分数の積商②	学習日　　月　　日
	なまえ	得点

(1) $\dfrac{2}{5} \div \dfrac{4}{7}$　　　　　（広島）

(2) $\dfrac{1}{4} \div 2$　　　　　（熊本）

(3) $\dfrac{5}{6} \div \dfrac{7}{8}$　　　　　（広島）

(4) $6 \div \left(-\dfrac{2}{3}\right)$　　　　　（福島）

(5) $15 \div \left(-\dfrac{5}{3}\right)$　　　　　（高知）

(6) $\dfrac{5}{6} \div \left(-\dfrac{10}{3}\right)$　　　　　（宮崎）

(7) $\dfrac{7}{6} \div \left(-\dfrac{7}{2}\right)$　　　　　（青森）

(8) $6 \div \left(-\dfrac{2}{3}\right)$　　　　　（青森）

(9) $\left(-\dfrac{2}{3}\right) \div \dfrac{4}{9}$　　　　　（山口）

(10) $-\dfrac{2}{3} \div \dfrac{4}{9}$　　　　　（青森）

(11) $\left(-\dfrac{4}{9}\right) \div \dfrac{3}{2}$ （沖縄）

(12) $(-6) \div \dfrac{9}{2}$ （高知）

(13) $-\dfrac{2}{3} \div \dfrac{4}{9}$ （宮崎）

(14) $(-12) \div \dfrac{3}{2}$ （高知）

(15) $\dfrac{1}{5} \div \left(-\dfrac{4}{15}\right)$ （佐賀）

(1)	(2)	(3)
(4)	(5)	(6)
(7)	(8)	(9)
(10)	(11)	(12)
(13)	(14)	(15)

◆正負の数

第11回 演習テスト	正負の数　分数の和差①	学習日　　月　　日
	なまえ	得点

(1) $\dfrac{1}{3} + \dfrac{1}{7}$　　　　（熊本）

(2) $\dfrac{2}{3} - \dfrac{1}{5}$　　　　（広島）

(3) $\dfrac{3}{5} + \dfrac{1}{10}$　　　　（長崎）

(4) $\dfrac{3}{4} - \dfrac{2}{5}$　　　　（長崎）

(5) $\dfrac{3}{5} - \dfrac{1}{2}$　　　　（沖縄）

(6) $\dfrac{1}{7} + \dfrac{2}{3}$　　　　（長崎）

(7) $-\dfrac{1}{4} + \dfrac{2}{3}$　　　　（福島）

(8) $\dfrac{2}{9} + \dfrac{1}{6}$　　　　（広島）

(9) $\dfrac{1}{6} + \dfrac{3}{4}$　　　　（新潟）

(10) $\dfrac{3}{5} - \dfrac{1}{7}$　　　　（広島）

(11) $-\dfrac{2}{7}+\dfrac{1}{2}$　　　　（神奈川）

(12) $\dfrac{3}{8}-\left(-\dfrac{5}{12}\right)$　　　（愛知）

(13) $-\dfrac{1}{3}+\dfrac{3}{4}$　　　　（佐賀）

(14) $\dfrac{4}{5}-\dfrac{2}{3}$　　　　（長崎）

(15) $\dfrac{1}{4}-\left(-\dfrac{2}{3}\right)$　　　　（愛媛）

(1)		(2)		(3)	
(4)		(5)		(6)	
(7)		(8)		(9)	
(10)		(11)		(12)	
(13)		(14)		(15)	

◆正負の数

第12回 演習テスト	正負の数　分数の和差②	学習日　　月　　日
	なまえ	得点

(1) $-\dfrac{3}{4}-\dfrac{1}{6}$　　　（三重）

(2) $\left(-\dfrac{5}{6}\right)+\dfrac{2}{9}$　　　（愛媛）

(3) $-\dfrac{4}{5}+\dfrac{1}{4}$　　　（宮崎）

(4) $-\dfrac{2}{3}+\dfrac{1}{4}$　　　（鳥取）

(5) $-\dfrac{2}{3}+\dfrac{2}{5}$　　　（神奈川）

(6) $\dfrac{1}{3}-\dfrac{1}{2}$　　　（鳥取）

(7) $-\dfrac{2}{3}+\dfrac{3}{5}$　　　（富山）

(8) $-\dfrac{1}{3}+\dfrac{5}{7}$　　　（神奈川）

(9) $\dfrac{1}{2}-\dfrac{5}{9}$　　　（三重）

(10) $\dfrac{1}{4}-\dfrac{5}{6}$　　　（富山）

(11) $-\dfrac{1}{5}+\dfrac{1}{2}$ （三重）

(12) $\dfrac{3}{8}-\dfrac{5}{6}$ （愛媛）

(13) $\dfrac{2}{5}-\dfrac{1}{2}$ （兵庫）

(14) $\dfrac{1}{4}-\dfrac{5}{6}-\left(-\dfrac{2}{3}\right)$ （愛知）

(15) $\dfrac{8}{9}+\left(-\dfrac{3}{2}\right)-\left(-\dfrac{2}{3}\right)$ （愛知）

(1)		(2)		(3)	
(4)		(5)		(6)	
(7)		(8)		(9)	
(10)		(11)		(12)	
(13)		(14)		(15)	

◆正負の数

第13回 演習テスト	正負の数　分数の四則計算① なまえ	学習日　　月　　日 得点

(1) $1 + \left(-\dfrac{5}{6}\right) \div \dfrac{1}{3}$ 　（和歌山）

(2) $(-4) - 6 \div \left(-\dfrac{2}{3}\right)$ 　（長野）

(3) $\left(-\dfrac{2}{3}\right) \div \dfrac{5}{6} + \dfrac{3}{2}$ 　（茨城）

(4) $-\dfrac{7}{2} + \dfrac{3}{4} \times (-2)$ 　（宮城）

(5) $2 + \dfrac{3}{2} \times \left(-\dfrac{1}{2}\right)$ 　（和歌山）

(6) $\dfrac{3}{8} \div \left(-\dfrac{3}{5}\right) + \dfrac{3}{4}$ 　（茨城）

(7) $\dfrac{1}{2} - \dfrac{4}{5} \times \left(-\dfrac{5}{6}\right)$ 　（山形）

(8) $5 \times \left(-\dfrac{1}{15}\right) \div \dfrac{7}{9}$ 　（山梨）

(9) $-7 + 8 \times \left(-\dfrac{1}{4}\right)$ 　（東京）

(10) $\dfrac{1}{6} \times (-2) + \dfrac{2}{3}$ 　（山口）

(11) $6 + 4 \times \left(-\dfrac{1}{2}\right)$　　（東京）

(12) $\dfrac{2}{5} + \left(-\dfrac{2}{9}\right) \div \dfrac{2}{3}$　（茨城）

(13) $6 - 4 \times \left(-\dfrac{3}{2}\right)$　　（長野）

(14) $\dfrac{7}{6} \div \left(-\dfrac{7}{2}\right) + \dfrac{3}{4}$　（茨城）

(15) $9 - 6 \times \left(-\dfrac{1}{3}\right)$　　（石川）

(1)		(2)		(3)	
(4)		(5)		(6)	
(7)		(8)		(9)	
(10)		(11)		(12)	
(13)		(14)		(15)	

◆正負の数

第14回 演習テスト	正負の数　分数の四則計算② なまえ	学習日　　月　　日 得点

(1) $9 + 6 \div \left(-\dfrac{1}{3}\right)$　　（東京）

(2) $7 - \dfrac{1}{3} \times (-6)$　　（北海道）

(3) $1 + \left(-\dfrac{3}{4}\right) \times 2$　　（和歌山）

(4) $\dfrac{3}{2} + \dfrac{1}{6} \div \left(-\dfrac{2}{3}\right)$　　（愛知）

(5) $\dfrac{1}{2} + \dfrac{3}{8} \div \left(-\dfrac{3}{7}\right)$　　（山形）

(6) $\dfrac{4}{5} + \dfrac{3}{8} \div \left(-\dfrac{3}{4}\right)$　　（茨城）

(7) $9 + 8 \div \left(-\dfrac{1}{5}\right)$　　（北海道）

(8) $\dfrac{2}{3} + \dfrac{1}{12} \times (-4)$　　（山梨）

(9) $\dfrac{5}{8} \div \left(-\dfrac{5}{4}\right) + \dfrac{2}{3}$　　（茨城）

(10) $\dfrac{9}{10} - \dfrac{1}{2} \div (-5)$　　（和歌山）

(11) $1 + \dfrac{1}{3} \times (-2)$　　（和歌山）

(12) $-\dfrac{1}{2} - \dfrac{3}{5} \div \dfrac{3}{2}$　　（山形）

(13) $4 - 8 \times \left(-\dfrac{1}{2}\right)$　　（東京）

(14) $\dfrac{1}{4} - \left(-\dfrac{7}{6}\right) \div \dfrac{7}{2}$　　（茨城）

(15) $\dfrac{2}{3} + \dfrac{1}{2} \times \left(-\dfrac{2}{5}\right)$　　（佐賀）

(1)	(2)	(3)
(4)	(5)	(6)
(7)	(8)	(9)
(10)	(11)	(12)
(13)	(14)	(15)

◆正負の数

第15回 演習テスト	正負の数　括弧のある計算　なまえ	学習日　　月　　日　得点

(1) $2 - 6 \times (3 - 5)$　　（神奈川）

(2) $1 + 2 \times (3 - 8)$　　（神奈川）

(3) $3 - 7 \times (6 - 7)$　　（神奈川）

(4) $\dfrac{16}{7} \times \left(\dfrac{5}{4} - 3 \right)$　　（愛知）

(5) $\left(\dfrac{1}{3} + \dfrac{2}{9} \right) \times (-18)$　（山梨）

(6) $\left(\dfrac{2}{5} - 3 \right) \times 10 + 19$　（京都）

(7) $\dfrac{3}{4} - \left(\dfrac{7}{12} - \dfrac{2}{3} \right)$　　（大阪）

(8) $-\dfrac{6}{5} \times \left(\dfrac{1}{3} - \dfrac{1}{4} \right)$　　（山形）

(9) $\dfrac{2}{3} \times \left(\dfrac{1}{6} - \dfrac{1}{4} \right)$　　（山形）

(10) $-\dfrac{6}{7} \times \left(\dfrac{1}{3} - \dfrac{1}{2} \right)$　　（高知）

(11) $\left(\dfrac{2}{3}-\dfrac{3}{4}\right)\times 24$　（国立高専）

(12) $\dfrac{2}{5}-\left(\dfrac{4}{7}-\dfrac{1}{14}\right)$　（大阪）

(13) $\left(\dfrac{1}{2}-\dfrac{4}{3}\right)\div\dfrac{1}{6}$　（香川）

(14) $-\dfrac{3}{5}\times\left(\dfrac{1}{2}-\dfrac{1}{3}\right)$　（山形）

(15) $\dfrac{1}{4}-3\times\left(\dfrac{7}{8}-\dfrac{1}{2}\right)$　（大阪）

(1)	(2)	(3)
(4)	(5)	(6)
(7)	(8)	(9)
(10)	(11)	(12)
(13)	(14)	(15)

◆正負の数

第16回 演習テスト	正負の数　指数を含む計算①	学習日　　月　　日
	なまえ	得点

(1) $-6^2+4\times7$　　　（東京）

(2) $2-5^2\times(-3)$　　　（青森）

(3) $7-3\times(-3)^2$　　　（大分）

(4) $(-4)^2+3\times(-2)$　　　（千葉）

(5) $(-5)^2+4\times(-3)$　　　（石川）

(6) $-3\times(-4)-2^2$　　　（青森）

(7) $-4^2+2\times5$　　　（沖縄）

(8) $6-(-3)^2\times5$　　　（京都）

(9) $-3^2\times4-(-27)$　　　（高知）

(10) $(-3)^2+5\times2$　　　（沖縄）

(11) $(-3)^2 - 9 \times 4$　　（青森）

(12) $10 + 2 \times (-3^2)$　　（秋田）

(13) $-18 \div 3^2 - (-3)$　　（青森）

(14) $4 + 18 \div (-3)^2$　　（石川）

(15) $2 - 12 \div (-2)^2$　　（千葉）

(1)		(2)		(3)	
(4)		(5)		(6)	
(7)		(8)		(9)	
(10)		(11)		(12)	
(13)		(14)		(15)	

◆正負の数

第17回 演習テスト	正負の数　指数を含む計算② なまえ	学習日　月　日 得点

(1) $(-3)^2 + \left(-\dfrac{1}{3}\right) \times 6$　　　　（千葉）

(2) $(-3)^2 - 12 \div \dfrac{3}{2}$　　　　（香川）

(3) $(-4)^2 + 5 \div \left(-\dfrac{2}{3}\right)$　　　　（京都）

(4) $8 - (-5)^2 \div \dfrac{5}{2}$　　　　（千葉）

(5) $4 - 3^2 \times \left(-\dfrac{2}{3}\right)$　　　　（千葉）

(6) $-3^2 \times \dfrac{4}{9} + 8$　　　　（東京）

(7) $6 + (-2^2) \div \left(-\dfrac{1}{2}\right)$　　　　（千葉）

(8) $(-2)^2 - 6 \times \dfrac{3}{4}$　　　　（香川）

(9) $\dfrac{1}{8} - \left(-\dfrac{3}{4}\right)^2 \div \dfrac{1}{2}$　　　　（大阪）

(10) $\dfrac{1}{6} \times \left(-\dfrac{3}{2}\right)^2 - \dfrac{3}{4}$　　　　（大阪）

(11) $8 \times \left(-\dfrac{1}{2}\right)^2 - 7$　　　　（香川）

(12) $6^2 \div \dfrac{12}{5} - (-3)^2$　　　　（高知）

(13) $12 - 2^3 \div \dfrac{1}{2}$　　　　（国立高専）

(14) $\dfrac{1}{2} \times 13^2 + \dfrac{1}{3} \times 13^2 + \dfrac{1}{6} \times 13^2$　（高知）

(15) $\dfrac{1}{2} \times (-2)^3 + \dfrac{1}{15} \times 9 \div 0.3$　（国立高専）

(1)		(2)		(3)	
(4)		(5)		(6)	
(7)		(8)		(9)	
(10)		(11)		(12)	
(13)		(14)		(15)	

◆正負の数

第18回 演習テスト	正負の数　総合問題	学習日　　月　　日
	なまえ	得点

(1) $-6+2$ 　　　　　（大分）

(2) $-9+2$ 　　　　　（新潟）

(3) $7+(-9)$ 　　　　（岡山）

(4) $-8+(-7)$ 　　　（宮崎）

(5) $3\times(-4)$ 　　　（群馬）

(6) $-7-(-5)$ 　　　（兵庫）

(7) $-13+8$ 　　　　（神奈川）

(8) $6-3\times 5$ 　　　（宮城）

(9) $\dfrac{1}{3}-\dfrac{3}{5}$ 　　　　（神奈川）

(10) $\dfrac{1}{9}\div\left(-\dfrac{4}{3}\right)$ 　　（宮崎）

(11) $80 - 6 \times 7$　　　　　（鹿児島）

(12) $\dfrac{3}{5} \times 10 - 4 \div \dfrac{1}{2}$　　（国立高専）

(13) $-(-3)^2 + 2^3$　　　（大阪）

(14) $3 + (-12) + (-4)^2$　（愛知）

(15) [－2，0，3]を，数直線上で1からの距離が小さい順に，左から並べて書きなさい。（秋田）

(1)		(2)		(3)	
(4)		(5)		(6)	
(7)		(8)		(9)	
(10)		(11)		(12)	
(13)		(14)		(15)	

◆正負の数

第1回　正負の数　和差計算①

(1) 5　　(2) −5　　(3) −3　　(4) 3　　(5) 2

(6) −2　　(7) −4　　(8) 4　　(9) −2　　(10) −1

(11) −1　　(12) −3　　(13) −3　　(14) −4　　(15) 5

第2回　正負の数　和差計算②

(1) 3　　(2) −4　　(3) −3　　(4) −5　　(5) −2

(6) −4　　(7) −7　　(8) −2　　(9) −7　　(10) 9

(11) 5　　(12) 8　　(13) 4　　(14) −5　　(15) −1

第3回　正負の数　和差計算③

(1) −10　　(2) −9　　(3) 4　　(4) −1　　(5) 6

(6) −13　　(7) −5　　(8) 3　　(9) −11　　(10) −9

(11) 5　　(12) 7　　(13) −2　　(14) −8　　(15) 3

第4回　正負の数　積商計算①

(1) −42　(2) −42　(3) −48　(4) −24　(5) −28

(6) 15　(7) −30　(8) −42　(9) −24　(10) −30

(11) −45　(12) 24　(13) 21　(14) 18　(15) 20

第5回　正負の数　積商計算②

(1) −4　(2) −7　(3) −8　(4) −8　(5) −9

(6) −8　(7) −3　(8) −5　(9) −3　(10) −4

(11) −3　(12) −7　(13) −5　(14) 4　(15) 13

第6回　正負の数　四則計算①

(1) −5　(2) 16　(3) −8　(4) −3　(5) 3

(6) −13　(7) 8　(8) 14　(9) −9　(10) −1

(11) 10　(12) 2　(13) −5　(14) −5　(15) 18

◆正負の数

第7回　正負の数　四則計算②

(1) −5　(2) 14　(3) 3　(4) −12　(5) −3

(6) 5　(7) 35　(8) −5　(9) 3　(10) −1

(11) 10　(12) −5　(13) 24　(14) 17　(15) 33

第8回　正負の数　小数の計算

(1) 21.7　(2) 6.3　(3) 0.65　(4) 4.5　(5) 0.6

(6) 45　(7) 1.6　(8) 0.2　(9) 2.24　(10) 0.72

(11) 0.72　(12) −3　(13) −0.04　(14) −1　(15) −4.5

第9回　正負の数　分数の積商①

(1) 16　(2) $\dfrac{10}{21}$　(3) −6　(4) −6　(5) −4

(6) −2　(7) −10　(8) $\dfrac{5}{2}$　(9) −6　(10) $-\dfrac{2}{3}$

(11) $-\dfrac{1}{4}$　(12) $-\dfrac{7}{6}$　(13) $-\dfrac{5}{8}$　(14) $-\dfrac{6}{5}$　(15) $-\dfrac{5}{6}$

第10回　正負の数　分数の積商②

(1) $\dfrac{7}{10}$　(2) $\dfrac{1}{8}$　(3) $\dfrac{20}{21}$　(4) -9　(5) -9

(6) $-\dfrac{1}{4}$　(7) $-\dfrac{1}{3}$　(8) -9　(9) $-\dfrac{3}{2}$　(10) $-\dfrac{3}{2}$

(11) $-\dfrac{8}{27}$　(12) $-\dfrac{4}{3}$　(13) $-\dfrac{3}{2}$　(14) -8　(15) $-\dfrac{3}{4}$

第11回　正負の数　分数の和差①

(1) $\dfrac{10}{21}$　(2) $\dfrac{7}{15}$　(3) $\dfrac{7}{10}$　(4) $\dfrac{7}{20}$　(5) $\dfrac{1}{10}$

(6) $\dfrac{17}{21}$　(7) $\dfrac{5}{12}$　(8) $\dfrac{7}{18}$　(9) $\dfrac{11}{12}$　(10) $\dfrac{16}{35}$

(11) $\dfrac{3}{14}$　(12) $\dfrac{19}{24}$　(13) $\dfrac{5}{12}$　(14) $\dfrac{2}{15}$　(15) $\dfrac{11}{12}$

第12回　正負の数　分数の和差②

(1) $-\dfrac{11}{12}$　(2) $-\dfrac{11}{18}$　(3) $-\dfrac{11}{20}$　(4) $-\dfrac{5}{12}$　(5) $-\dfrac{4}{15}$

(6) $-\dfrac{1}{6}$　(7) $-\dfrac{1}{15}$　(8) $\dfrac{8}{21}$　(9) $-\dfrac{1}{18}$　(10) $-\dfrac{7}{12}$

(11) $\dfrac{3}{10}$　(12) $-\dfrac{11}{24}$　(13) $-\dfrac{1}{10}$　(14) $\dfrac{1}{12}$　(15) $\dfrac{1}{18}$

◆正負の数

第13回　正負の数　分数の四則計算①

(1) $-\dfrac{3}{2}$　(2) 5　(3) $\dfrac{7}{10}$　(4) -5　(5) $\dfrac{5}{4}$

(6) $\dfrac{1}{8}$　(7) $\dfrac{7}{6}$　(8) $-\dfrac{3}{7}$　(9) -9　(10) $\dfrac{1}{3}$

(11) 4　(12) $\dfrac{1}{15}$　(13) 12　(14) $\dfrac{5}{12}$　(15) 11

第14回　正負の数　分数の四則計算②

(1) -9　(2) 9　(3) $-\dfrac{1}{2}$　(4) $\dfrac{5}{4}$　(5) $-\dfrac{3}{8}$

(6) $\dfrac{3}{10}$　(7) -31　(8) $\dfrac{1}{3}$　(9) $\dfrac{1}{6}$　(10) 1

(11) $\dfrac{1}{3}$　(12) $-\dfrac{9}{10}$　(13) 8　(14) $\dfrac{7}{12}$　(15) $\dfrac{7}{15}$

第15回　正負の数　括弧のある計算

(1) 14　(2) -9　(3) 10　(4) -4　(5) -10

(6) -7　(7) $\dfrac{5}{6}$　(8) $-\dfrac{1}{10}$　(9) $-\dfrac{1}{18}$　(10) $\dfrac{1}{7}$

(11) -2　(12) $-\dfrac{1}{10}$　(13) -5　(14) $-\dfrac{1}{10}$　(15) $-\dfrac{7}{8}$

◆正負の数

第16回　正負の数　指数を含む計算①

(1) -8　(2) 77　(3) -20　(4) 10　(5) 13

(6) 8　(7) -6　(8) -39　(9) -9　(10) 19

(11) -27　(12) -8　(13) 1　(14) 6　(15) -1

第17回　正負の数　指数を含む計算②

(1) 7　(2) 1　(3) $\dfrac{17}{2}$　(4) -2　(5) 10

(6) 4　(7) 14　(8) $-\dfrac{1}{2}$　(9) -1　(10) $-\dfrac{3}{8}$

(11) -5　(12) 6　(13) -4　(14) 169　(15) -2

第18回　正負の数　総合問題

(1) -4　(2) -7　(3) -2　(4) -15　(5) -12

(6) -2　(7) -5　(8) -9　(9) $-\dfrac{4}{15}$　(10) $-\dfrac{1}{12}$

(11) 38　(12) -2　(13) -1　(14) 7　(15) $0,\ 3,\ -2$

◆文字と式

●文字と式【指導のポイント】

＊個別指導や家庭教師の場面では，問題中に文字（$x,\ y,\ a,\ b$ など）を見ただけで固まってしまう（何もすることができなくなる）生徒が多数います。文字と式の攻略ポイントは計算を中心とした慣れです。「同類項をまとめる」こととミスなく計算処理ができるようになることを目標に指導しましょう。

★文字のある式の表し方

・積（×）の表し方
　① 記号（×）を取る
　② 数字は文字の前に，文字はアルファベット順にする
　　　［例］$a \times 2 \to 2a$
　③ 同じ文字の積は累乗で表す
　　　［例］$a \times a \times a \to a^3$

・商（÷）の表し方
　① 記号（÷）を取って分数の形にする
　② 数字は文字の前に，文字はアルファベット順にする
　　　［例］$5a \div 6 \to \dfrac{5}{6}a$　　［例］$a \div 2 \to \dfrac{a}{2}$ または $\dfrac{1}{2}a$

★項と係数

例えば，$2x - 1$ の場合，
　　　$2x$ と -1 をそれぞれ式の**項**，
　　　$2x$ の **2**（文字を含む項の数）を**係数**という

◆文字と式

★項

- **単項式**：項が1つだけの式
  - [例] $7x$, $5a$, $2xy$ など
- **多項式**：項が複数ある式
  - [例] $x+3$, $6a+3b$, x^2+3x+2
- **定数項**：多項式中の数だけの項
  - [例] $x+3$ の $\underline{3}$, x^2+3x+2 の $\underline{2}$
- **同類項**：文字の部分が同じである項
  - [例] $2x+3y+5x-y$ の $\underline{2x と 5x}$, $\underline{3y と -y}$

★次数：かけてある文字の個数

[例] $2x$ →文字 x は1回かけてあるから1次

x^2 →文字 x と x がかけてあるから2次

$2ab$ →文字 a と b がかけてあるから2次

＊1次の項だけ，または1次の項と定数項（数字）だけからなる式を **1次式**という

★分配法則：$a(b+c) = ab + ac$

[例] $3(a-1) = 3 \times a + 3 \times (-1) = \underline{3a-3}$

★文字式の計算：同類項をまとめること

[例] $x+3+5x-2 = x+5x+3-2 = \underline{6x+1}$

◆文字と式

第19回 演習テスト	文字と式　基本計算　なまえ	学習日　月　日　得点

(1) $7x + x$　　　　　　　（埼玉）

(2) $8x - 4x$　　　　　　（埼玉）

(3) $6x - x$　　　　　　　（埼玉）

(4) $8y - 2y$　　　　　　（埼玉）

(5) $7a + (-13a)$　　　　（群馬）

(6) $-2a + 5a$　　　　　（群馬）

(7) $3x \times (-2)$　　　　　（埼玉）

(8) $6a \times (-3)$　　　　　（埼玉）

(9) $(-3a) \times (-4)$　　　（群馬）

(10) $10a \div (-5)$　　　　（埼玉）

(11) $2a + \dfrac{a}{3}$　　　　（群馬）

(12) $\dfrac{2}{5}a + \dfrac{1}{3}a$　　　　（滋賀）

(13) $\dfrac{2}{5}a + \dfrac{1}{2}a$　　　　（栃木）

(14) $\dfrac{5}{4}a - \dfrac{2}{3}a$　　　　（山口）

(15) $\dfrac{1}{2}x - \dfrac{1}{3}x$　　　　（栃木）

(1)		(2)		(3)	
(4)		(5)		(6)	
(7)		(8)		(9)	
(10)		(11)		(12)	
(13)		(14)		(15)	

◆文字と式

第20回 演習テスト	文字と式　分配法則	学習日　　月　　日
	なまえ	得点

(1) $2(2a - 1) + 3a$　　　　　（滋賀）

(2) $5a - 1 + 2(a + 3)$　　　　（栃木）

(3) $2(4a - 3) - 6a$　　　　　（滋賀）

(4) $2x - 5 - (x - 1)$　　　　（山口）

(5) $4a - 3(a + 1)$　　　　　（富山）

(6) $(2x + 1) - 3(1 - x)$　　　（沖縄）

(7) $3(x - 2) - (x - 1)$　　　（鳥取）

(8) $4(x + 2) - (3x - 1)$　　　（徳島）

(9) $(x + 5) - 2(-x + 3)$　　　（佐賀）

(10) $2(3a + 2) - 3(a + 1)$　　（福岡）

(11) $(x+7)-4(3x+1)$　　　　（佐賀）

(12) $2(3a+1)-3(a-2)$　　　　（新潟）

(13) $-3(x+2)+(7-9x)$　　　　（佐賀）

(14) $-5(2-x)-(3x+7)$　　　　（山梨）

(15) $2(2a+1)+3(a-1)$　　　　（宮城）

(1)	(2)	(3)
(4)	(5)	(6)
(7)	(8)	(9)
(10)	(11)	(12)
(13)	(14)	(15)

◆文字と式

第21回 演習テスト	文字と式　分数を含む計算	学習日　月　日
	なまえ	得点

(1) $\dfrac{2a+5}{3} \times 6$　　　　　　　　（岩手）

(2) $4 \times \dfrac{3a-1}{2}$　　　　　　　　（岩手）

(3) $(10x-6) \times \dfrac{1}{2}$　　　　　　　（佐賀）

(4) $\dfrac{1}{2}(6a+4)$　　　　　　　　（三重）

(5) $\dfrac{3x-(x+4)}{2}$　　　　　　　（徳島）

(6) $2x+1-\dfrac{3x+1}{2}$　　　　　　（石川）

(7) $\dfrac{6x-2}{3}-(2x-5)$　　　　　　（愛知）

(8) $\dfrac{5x-1}{7}-\dfrac{2x-3}{4}$　　　　　　（京都）

(9) $\dfrac{x-6}{4}-\dfrac{x-9}{8}$　　　　　　（熊本）

(10) $\dfrac{3a-1}{5}-\dfrac{a-2}{3}$　　　　　　（大阪）

(11) $\frac{1}{2}(x-4) - \frac{2}{5}(x-5)$　　（愛知）

(12) $\frac{1}{3}(4x-1) - \frac{1}{9}(7x-3)$　　（神奈川）

(13) $\frac{1}{4}(5x-3) - \frac{1}{8}(7x-6)$　　（神奈川）

(14) $\frac{1}{6}(2a-5) + \frac{1}{4}(a-3)$　　（海洋技術学校）

(15) $\frac{1}{5}(x+3) + \frac{1}{2}(x-3)$　　（海洋技術学校）

(1)		(2)		(3)	
(4)		(5)		(6)	
(7)		(8)		(9)	
(10)		(11)		(12)	
(13)		(14)		(15)	

◆文字と式

第22回 演習テスト	文字と式　総合問題① なまえ	学習日　　月　　日 得点

(1) $5a - 2a$　　　　　　　　　　　（埼玉）

(2) $\dfrac{2}{3}a - \dfrac{1}{5}a$　　　　　　　　　　（滋賀）

(3) $7x - 12 + 4(7 - x)$　　　　　（青森）

(4) $2(3x - 4) + (7 - x)$　　　　　（山口）

(5) $3(x + 2) - (2x - 1)$　　　　　（佐賀）

(6) $5(2a - 1) - (7a - 9)$　　　　　（富山）

(7) $6a + 3 - 2(2a + 1)$　　　　　（岩手）

(8) $3a - 2(a + 6)$　　　　　　　　（滋賀）

(9) $4a - 9 - (a - 5)$　　　　　　　（富山）

(10) $3(a + 2) - (a - 1)$　　　　　　（岩手）

(11) $(-8) \times \dfrac{x-7}{2}$　　　　　（岐阜）

(12) $\dfrac{1}{2}(x-1) - \dfrac{1}{5}(2x-7)$　　（静岡）

(13) $\dfrac{1}{2}(4x+8) - (3x-1)$　　（青森）

(14) $\dfrac{1}{5}(7x-4) - \dfrac{1}{2}(x-3)$　　（静岡）

(15) $a = -2$ のとき，$2a + 12$ の値を求めなさい。　（大阪）

(1)		(2)		(3)	
(4)		(5)		(6)	
(7)		(8)		(9)	
(10)		(11)		(12)	
(13)		(14)		(15)	

◆文字と式

第23回 演習テスト	文字と式　総合問題② なまえ	学習日　　月　　日 得点

(1) $5a - a$　　　　　　　　　　　（群馬）

(2) $\dfrac{2}{3}a + \dfrac{1}{4}a$　　　　　　　　（滋賀）

(3) $8(a-1)-(7a-5)$　　　　（宮城）

(4) $3(3a-1)-(4a-7)$　　　（福岡）

(5) $(6x-5)-2(4x+1)$　　　（青森）

(6) $5(a-1)-2(3a-4)$　　　（新潟）

(7) $8x-3-2x+7$　　　　　　（大阪）

(8) $4a-(9-7a)$　　　　　　　（滋賀）

(9) $2(a+3)-(4-3a)$　　　　（香川）

(10) $6\left(\dfrac{2a-1}{2}-\dfrac{a-2}{3}\right)$　　　　（京都）

(11) $\dfrac{4x-1}{3} - \dfrac{x+3}{2}$　　　　　（京都）

(12) $\dfrac{5x+3}{4} - \dfrac{2x-1}{3}$　　　　　（愛知）

(13) $\dfrac{1}{9}(3x+7) - \dfrac{1}{3}(x+1)$　　　（神奈川）

(14) $\dfrac{1}{5}(3x-2) - \dfrac{1}{3}(x+1)$　　　（静岡）

(15) $a = -3$ のとき，$3a - (2a - 5)$ の値を求めなさい。　（三重）

(1)	(2)	(3)
(4)	(5)	(6)
(7)	(8)	(9)
(10)	(11)	(12)
(13)	(14)	(15)

◆文字と式

第24回 演習テスト	文字と式　総合問題③　なまえ	学習日　　月　　日　得点

(1) $9a - 5a$　　　　　　　　　　　（埼玉）

(2) $\dfrac{1}{2}a + \dfrac{1}{3}a$　　　　　　　　　　　（山口）

(3) $3(5x - 1) - 2(x - 2)$　　　　　　　（沖縄）

(4) $8(7a + 5) - 4(9 - a)$　　　　　　　（鹿児島）

(5) $4(a + 1) + (3 - a)$　　　　　　　（山口）

(6) $3(x + 4) - 2(3x - 1)$　　　　　　　（高知）

(7) $2a + 1 - 3(a - 1)$　　　　　　　（富山）

(8) $3(x - 7) + 2(2x - 5)$　　　　　　　（和歌山）

(9) $3(x - 6) - 2(x - 8)$　　　　　　　（鳥取）

(10) $(-3)^2 \div \dfrac{3}{2}a$　　　　　　　　　（島根）

(11) $\dfrac{x-3}{2} - \dfrac{x-1}{5}$　　　　（京都）

(12) $\dfrac{x-1}{2} + \dfrac{4x+5}{6}$　　　　（佐賀）

(13) $\dfrac{1}{3}(x-6) - \dfrac{1}{4}(x-8)$　　　　（愛知）

(14) $\dfrac{1}{3}(2x-1) - \dfrac{1}{4}(x-5)$　　　　（静岡）

(15) $x=-2$ のとき，$8(x+5)-6(2x-7)$ の値を求めなさい。　（鹿児島）

(1)	(2)	(3)
(4)	(5)	(6)
(7)	(8)	(9)
(10)	(11)	(12)
(13)	(14)	(15)

◆文字と式

第25回 演習テスト	文字と式　総合問題④　なまえ	学習日　　月　　日　得点

(1) $10a - 2.5a$　　　　　　　　　　（群馬）

(2) $\dfrac{4}{5}a - \dfrac{1}{3}a$　　　　　　　　　　（滋賀）

(3) $(2x + 3) + 3(x - 2)$　　　　　　（沖縄）

(4) $9x - 13 + 7(4 - x)$　　　　　　（熊本）

(5) $3(7a + 6) - 4(5 - 8a)$　　　　　（鹿児島）

(6) $3(a + 2) - 2(a - 1)$　　　　　　（香川）

(7) $(3x - 2) - 2(x - 3)$　　　　　　（大分）

(8) $2(3x - 5) - (x - 4)$　　　　　　（宮城）

(9) $7(8x + 9) - 3(6 - x)$　　　　　（鹿児島）

(10) $\dfrac{9a - 5}{2} - (a - 4)$　　　　　　（熊本）

(11) $\dfrac{6x-1}{3} - \dfrac{4x-1}{2}$　　　　（愛知）

(12) $\dfrac{2x+1}{3} - \dfrac{x-3}{4}$　　　　（京都）

(13) $\dfrac{1}{2}(x-3) - \dfrac{1}{7}(3x-8)$　　　　（静岡）

(14) $\dfrac{1}{8}(7x-4) - \dfrac{1}{2}(x-1)$　　　　（神奈川）

(15) $x = \dfrac{1}{3}$ のとき，$4x - (8 + x)$ の値を求めなさい。　　（青森）

(1)		(2)		(3)	
(4)		(5)		(6)	
(7)		(8)		(9)	
(10)		(11)		(12)	
(13)		(14)		(15)	

◆文字と式

第26回 演習テスト	文字と式　総合問題⑤ なまえ	学習日　　月　　日 得点

(1) $\dfrac{3}{4}a - \dfrac{1}{2}a$　　　　　　　　（山口）

(2) $a - \dfrac{1}{2}a + \dfrac{3}{8}a$　　　　　（滋賀）

(3) $3(2a - 1) - (a - 5)$　　　　（福岡）

(4) $2(3x - 4) - (x + 2)$　　　　（鳥取）

(5) $4(2a - 3) - (3a - 5)$　　　　（福岡）

(6) $3(x + 8) - (5x + 7)$　　　　（宮城）

(7) $2(3a - 2) - (4a + 1)$　　　　（福岡）

(8) $3(x - 2) - 2(x - 1)$　　　　（鳥取）

(9) $3(2a + 4) - 4a + 1$　　　　（海洋技術学校）

(10) $\dfrac{3x - 1}{4} + \dfrac{x}{2}$　　　　　　（栃木）

(11) $\dfrac{3x-5}{4} - \dfrac{x-7}{2}$　　　　（京都）

(12) $\dfrac{2(x-1)}{3} - \dfrac{x-8}{2}$　　　　（高知）

(13) $\dfrac{1}{5}(2x+3) - \dfrac{1}{3}(x+2)$　　　　（愛知）

(14) $\dfrac{1}{7}(6x-5) - \dfrac{1}{2}(x-1)$　　　　（静岡）

(15) $a = \dfrac{1}{3}$ のとき，$4(a+2) - a$ の値を求めなさい。　　（宮城）

(1)		(2)		(3)	
(4)		(5)		(6)	
(7)		(8)		(9)	
(10)		(11)		(12)	
(13)		(14)		(15)	

◆文字と式

第19回　文字と式　基本計算

(1) $8x$　(2) $4x$　(3) $5x$　(4) $6y$　(5) $-6a$

(6) $3a$　(7) $-6x$　(8) $-18a$　(9) $12a$　(10) $-2a$

(11) $\dfrac{7}{3}a$　(12) $\dfrac{11}{15}a$　(13) $\dfrac{9}{10}a$　(14) $\dfrac{7}{12}a$　(15) $\dfrac{1}{6}x$

第20回　文字と式　分配法則

(1) $7a-2$　(2) $7a+5$　(3) $2a-6$　(4) $x-4$　(5) $a-3$

(6) $5x-2$　(7) $2x-5$　(8) $x+9$　(9) $3x-1$　(10) $3a+1$

(11) $-11x+3$　(12) $3a+8$　(13) $-12x+1$　(14) $2x-17$　(15) $7a-1$

第21回　文字と式　分数を含む計算

(1) $4a+10$　(2) $6a-2$　(3) $5x-3$　(4) $3a+2$　(5) $x-2$

(6) $\dfrac{x+1}{2}$　(7) $\dfrac{13}{3}$　(8) $\dfrac{6x+17}{28}$　(9) $\dfrac{x-3}{8}$　(10) $\dfrac{4a+7}{15}$

(11) $\dfrac{1}{10}x$　(12) $\dfrac{5}{9}x$　(13) $\dfrac{3}{8}x$　(14) $\dfrac{7a-19}{12}$　(15) $\dfrac{7x-9}{10}$

第22回　文字と式　総合問題①

(1) $3a$　(2) $\dfrac{7}{15}a$　(3) $3x+16$　(4) $5x-1$　(5) $x+7$

(6) $3a+4$　(7) $2a+1$　(8) $a-12$　(9) $3a-4$　(10) $2a+7$

(11) $-4x+28$　(12) $\dfrac{x+9}{10}$　(13) $-x+5$　(14) $\dfrac{9x+7}{10}$　(15) 8

第23回　文字と式　総合問題②

(1) $4a$　(2) $\dfrac{11}{12}a$　(3) $a-3$　(4) $5a+4$　(5) $-2x-7$

(6) $-a+3$　(7) $6x+4$　(8) $11a-9$　(9) $5a+2$　(10) $4a+1$

(11) $\dfrac{5x-11}{6}$　(12) $\dfrac{7x+13}{12}$　(13) $\dfrac{4}{9}$　(14) $\dfrac{4x-11}{15}$　(15) 2

第24回　文字と式　総合問題③

(1) $4a$　(2) $\dfrac{5}{6}a$　(3) $13x+1$　(4) $60a+4$　(5) $3a+7$

(6) $-3x+14$　(7) $-a+4$　(8) $7x-31$　(9) $x-2$　(10) $6a$

(11) $\dfrac{3x-13}{10}$　(12) $\dfrac{7x+2}{6}$　(13) $\dfrac{1}{12}x$　(14) $\dfrac{5x+11}{12}$　(15) 90

◆文字と式

◆文字と式

第25回　文字と式　総合問題④

(1) $7.5a$　(2) $\dfrac{7}{15}a$　(3) $5x-3$　(4) $2x+15$　(5) $53a-2$

(6) $a+8$　(7) $x+4$　(8) $5x-6$　(9) $59x+45$　(10) $\dfrac{7a+3}{2}$

(11) $\dfrac{1}{6}$　(12) $\dfrac{5x+13}{12}$　(13) $\dfrac{x-5}{14}$　(14) $\dfrac{3}{8}x$　(15) -7

第26回　文字と式　総合問題⑤

(1) $\dfrac{1}{4}a$　(2) $\dfrac{7}{8}a$　(3) $5a+2$　(4) $5x-10$　(5) $5a-7$

(6) $-2x+17$　(7) $2a-5$　(8) $x-4$　(9) $2a+13$　(10) $\dfrac{5x-1}{4}$

(11) $\dfrac{x+9}{4}$　(12) $\dfrac{x+20}{6}$　(13) $\dfrac{x-1}{15}$　(14) $\dfrac{5x-3}{14}$　(15) 9

★学習進度表

回	学習日	得点
第1回	/	点
第2回	/	点
第3回	/	点
第4回	/	点
第5回	/	点
第6回	/	点
第7回	/	点
第8回	/	点
第9回	/	点
第10回	/	点
第11回	/	点
第12回	/	点
第13回	/	点
第14回	/	点
第15回	/	点
第16回	/	点
第17回	/	点
第18回	/	点
第19回	/	点
第20回	/	点
第21回	/	点
第22回	/	点

回	学習日	得点
第23回	/	点
第24回	/	点
第25回	/	点
第26回	/	点
第27回	/	点
第28回	/	点
第29回	/	点
第30回	/	点
第31回	/	点
第32回	/	点
第33回	/	点
第34回	/	点
第35回	/	点
第36回	/	点
第37回	/	点
第38回	/	点
第39回	/	点
第40回	/	点
第41回	/	点
第42回	/	点
第43回	/	点

なまえ _____

◆1次方程式

●1次方程式【指導のポイント】

＊個別指導や家庭教師の場面では，文字式と１次方程式の解き方で混乱する生徒が多くみられます。見た目でわかる違いは，文字式には＝（等号）がないのに対し，方程式は問題中に＝がある（＝をはさんで両辺がある）点です。指導上のポイントは，「両辺に同じ数を＋－×÷しても等号関係は変わらない」ことを意識させる点で，指導上の注意点は問題の解答解説の中で詳しく示しました。

★方程式とは？

・方程式：左辺と右辺が＝（等号）で結ばれた式

　［例］ $x=2$　　$4a=8$　　$2x-4=0$

・方程式の性質：両辺に同じ数を＋－×÷しても等号関係は変わらない

　［例］ $x=2$ の両辺に２を＋－×÷してみる

　　$x=2$　→　$x+2=2+2$　→　$x+2=4$　　←等号関係は変わらない

　　$x=2$　→　$x-2=2-2$　→　$x-2=0$　　←等号関係は変わらない

　　$x=2$　→　$x\times 2=2\times 2$　→　$2x=4$　　←等号関係は変わらない

　　$x=2$　→　$x\div 2=2\div 2$　→　$\dfrac{1}{2}x=1$　　←等号関係は変わらない

＊計算上，両辺間の項の移動は，符号を変えて移項すればよい

　［例］ $x-4=2$　　　　　→　$x=2+4$　→　$x=6$

　　　（左辺の－４を右辺に移項）　　（右辺に＋４）

　［例］ $3x=x+4$　　　　→　$3x-x=4$　→　$2x=4$

　　　（右辺の x を左辺に移項）　　（左辺に－ x）

◆1次方程式

★方程式の解き方 (手順)

①方程式の性質を利用して，文字を左辺，数字を右辺にまとめる

[例] $3x - 4 = 2$ → $3x - 4 + 4 = 2 + 4$ → $3x = 6$
　　　　　　　　　　　　　　（両辺に 4 をたす）

　　　$3x - 4 = 2$ → $3x = 2 + 4$ → $3x = 6$
　　　（−4 を右辺に移項 → 右辺に＋4）

[例] $3x + 4 = 1$ → $3x + 4 - 4 = 1 - 4$ → $3x = -3$
　　　　　　　　　　　　　　（両辺から 4 を引く）

　　　$3x + 4 = 1$ → $3x = 1 - 4$ → $3x = -3$
　　　（＋4 を右辺に移項 → 右辺に−4）

＊左辺の x の係数が 1 だったら，そのまま答えとなる

[例] $x - 4 = 1$ → $x = 1 + 4$ → $x = 5$
　　　（−4 を右辺に移項 → 右辺に＋4）

　　　$x + 4 = 1$ → $x = 1 - 4$ → $x = -3$
　　　（＋4 右辺に移項 → 右辺に−4）

②方程式の性質を利用して，x の係数を 1 にする

[例] $3x = 6$ → $3x \div 3 = 6 \div 3$ → $x = 2$
　　　　　　　　　（両辺を 3 で割る）

　　　$\frac{1}{2}x = 1$ → $\frac{1}{2}x \times 2 = 1 \times 2$ → $x = 2$
　　　　　　　　　（両辺に 2 をかける）

◆1次方程式

第27回 演習テスト	1次方程式　基本問題	学習日　　月　　日
	なまえ	得点

(1) $x + 4 = 0$

(2) $x - 4 = 0$

(3) $x + 10 = 5$

(4) $x - 10 = 5$

(5) $2x = 6$

(6) $-2x = 6$

(7) $2x = -6$

(8) $-2x = -6$

(9) $\dfrac{1}{2}x = 1$

(10) $-\dfrac{1}{2}x = 1$

(11) $\dfrac{1}{2}x = -1$

(12) $-\dfrac{1}{2}x = -1$

(13) $2x + 5 = 7$

(14) $3x - 2 = -4x + 5$ （沖縄）

(15) $x - 1 = 3x + 3$ （熊本）

(1)		(2)		(3)	
(4)		(5)		(6)	
(7)		(8)		(9)	
(10)		(11)		(12)	
(13)		(14)		(15)	

◆1次方程式

第28回 演習テスト	1次方程式　演習問題① なまえ	学習日　　月　　日 得点

(1) $10x - 6 = 9x$　　　　　　（沖縄）

(2) $6x + 4 = 3x - 5$　　　　　（熊本）

(3) $7x - 4 = 5x + 12$　　　　（福岡）

(4) $3x - 4 = -2x + 6$　　　　（長崎）

(5) $8 - 7x = -20$　　　　　　（熊本）

(6) $x - 6 = 8x + 1$　　　　　（東京）

(7) $2x - 6 = 5x$　　　　　　　（奈良）

(8) $5x - 10 = 3x$　　　　　　（熊本）

(9) $5x - 6 = 3x + 2$　　　　　（宮城）

(10) $9x + 2 = 4x + 17$　　　　（沖縄）

(11) $3x - 2 = x + 4$ （熊本）

(12) $4x - 21 = x$ （沖縄）

(13) $x + 6 = 3x - 8$ （東京）

(14) $4 - x = 2x + 16$ （熊本）

(15) $7x + 3 = 4x - 21$ （福岡）

◆1次方程式

(1)	$x=$	(2)	$x=$	(3)	$x=$
(4)	$x=$	(5)	$x=$	(6)	$x=$
(7)	$x=$	(8)	$x=$	(9)	$x=$
(10)	$x=$	(11)	$x=$	(12)	$x=$
(13)	$x=$	(14)	$x=$	(15)	$x=$

◆1次方程式

第29回 演習テスト	1次方程式　演習問題② なまえ	学習日　　月　　日 得点

(1) $x - 5 = 3x + 1$　　　　　　　（東京）

(2) $3x - 4 = 2x + 6$　　　　　　（沖縄）

(3) $4x - 6 = x + 3$　　　　　　　（新潟）

(4) $4x - 10 = -5x + 8$　　　　　（福岡）

(5) $2x + 5 = -4x + 17$　　　　　（熊本）

(6) $5x = 2x - 9$　　　　　　　　（熊本）

(7) $4x + 7 = 8x - 1$　　　　　　（東京）

(8) $3 - 2x = -5x + 9$　　　　　（長崎）

(9) $7x - 4 = 5x + 6$　　　　　　（沖縄）

(10) $7x + 5 = 4x - 10$　　　　　（福岡）

(11) $3x - 5 = x + 7$　　　　　（沖縄）

(12) $x + 7 = 1 - 2x$　　　　　（熊本）

(13) $5 - 6x = 2x - 11$　　　　（長崎）

(14) $-3x + 7 = 2x + 17$　　　（沖縄）

(15) $-3x + 2 = 2x - 8$　　　　（島根）

(1)	$x=$	(2)	$x=$	(3)	$x=$
(4)	$x=$	(5)	$x=$	(6)	$x=$
(7)	$x=$	(8)	$x=$	(9)	$x=$
(10)	$x=$	(11)	$x=$	(12)	$x=$
(13)	$x=$	(14)	$x=$	(15)	$x=$

◆ 1次方程式

第30回 演習テスト	1次方程式　演習問題③ なまえ	学習日　　月　　日 得点

(1) $x + 18 = -3x + 2$ 　　　　（福岡）

(2) $x + 11 = -5x + 16$ 　　　（栃木）

(3) $2x + 5 = 7 - 3x$ 　　　　（長崎）

(4) $9x - 8 = 5(x + 4)$ 　　　（東京）

(5) $x - 9 = 3(x - 1)$ 　　　　（福岡）

(6) $7x - (11x + 2) = 14$ 　　（青森）

(7) $9x + 2 = 8(x + 1)$ 　　　（東京）

(8) $7(x - 1) = 5x + 9$ 　　　（奈良）

(9) $7x + 8 = 3(x - 4)$ 　　　（青森）

(10) $5x - 6 = 2(x + 3)$ 　　　（新潟）

(11) $x - 7 = 9(x + 1)$　　　　　（東京）

(12) $2x - 5 = 3(2x + 1)$　　　　（福岡）

(13) $3x + 8 = 7(x + 4)$　　　　（東京）

(14) $x + 4 = 5(2x - 1)$　　　　（奈良）

(15) $4(2x - 5) - 3 = 3x + 2$　　（千葉）

(1)	$x =$	(2)	$x =$	(3)	$x =$
(4)	$x =$	(5)	$x =$	(6)	$x =$
(7)	$x =$	(8)	$x =$	(9)	$x =$
(10)	$x =$	(11)	$x =$	(12)	$x =$
(13)	$x =$	(14)	$x =$	(15)	$x =$

◆1次方程式

第31回 演習テスト	1次方程式　演習問題④ なまえ	学習日　　月　　日 得点

(1) $\dfrac{4x+5}{3} = x$　　　　　　　（秋田）

(2) $\dfrac{3x+9}{4} = -x - 10$　　　　（大阪）

(3) $\dfrac{3}{4}x + 3 = 2 - x$　　　　　（大分）

(4) $\dfrac{x-1}{4} = 2x - 3$　　　　　（佐賀）

(5) $3x - 2 = \dfrac{5x+6}{4}$　　　　　（千葉）

(6) $x - 6 = \dfrac{x}{4}$　　　　　　　（新潟）

(7) $2x - 1 = \dfrac{x}{3}$　　　　　　（新潟）

(8) $\dfrac{4x-5}{3} = 2x - 9$　　　　　（千葉）

(9) $\dfrac{1}{2}x + 3 = 2x$　　　　　　（群馬）

(10) $x = \dfrac{1}{2}x - 3$　　　　　　（富山）

(11) $\dfrac{4x+3}{3} = -2x+6$ 　　　　　（大阪）

(12) $\dfrac{3x-1}{2} = \dfrac{5x+2}{3}$ 　　　　　（千葉）

(13) $\dfrac{3x+2}{5} = \dfrac{2x-1}{3}$ 　　　　　（大阪）

(14) $\dfrac{x-2}{4} + \dfrac{2-5x}{6} = 1$ 　　　　（群馬）

(15) $\dfrac{x}{4} - \dfrac{2x-7}{3} = 4$ 　　　　　（大阪）

(1) $x=$	(2) $x=$	(3) $x=$
(4) $x=$	(5) $x=$	(6) $x=$
(7) $x=$	(8) $x=$	(9) $x=$
(10) $x=$	(11) $x=$	(12) $x=$
(13) $x=$	(14) $x=$	(15) $x=$

◆1次方程式

第32回 演習テスト	1次方程式　演習問題⑤ なまえ	学習日　　月　　日 得点

(1) $x + 6 = 2(x + 1)$　　　　　　（東京）

(2) $3x - 24 = 2(4x + 3)$　　　　（福岡）

(3) $\dfrac{4}{5}x + 3 = \dfrac{1}{2}x$　　　　　　（秋田）

(4) $\dfrac{1}{2}x - 1 = \dfrac{x-2}{5}$　　　　　（島根）

(5) $\dfrac{x-4}{3} + \dfrac{7-x}{2} = 5$　　　（和歌山）

(6) $x + 3.5 = 0.5(3x - 1)$　　　（千葉）

(7) $0.75x - 1 = 0.5x$　　　　　（大阪）

(8) $0.2(x - 2) = x + 1.2$　　　（千葉）

(9) $3x + a = 8$　の解が5のとき，aの値を求めよ。　　　（新潟）

(10) $6 - x = x + 2a$　の解が-5のとき，aの値を求めよ。　（石川）

(11) $ax + 3 = 8x - 7$　の解が 5 のとき，a の値を求めよ。　　（奈良）

(12) $9x - 3 = ax + 12$　の解が 3 のとき，a の値を求めよ。　　（京都）

(13) $x + 2a = 7x - 8$　の解が 4 のとき，a の値を求めよ。　　（三重）

(14) $3x - a = 2(x - a) + 1$　の解が 3 のとき，a の値を求めよ。（香川）

(15) $ax - 3(a - 2)x = 8 - 4x$　の解が -2 のとき，a の値を求めよ。（大分）

(1)	$x =$	(2)	$x =$	(3)	$x =$
(4)	$x =$	(5)	$x =$	(6)	$x =$
(7)	$x =$	(8)	$x =$	(9)	$a =$
(10)	$a =$	(11)	$a =$	(12)	$a =$
(13)	$a =$	(14)	$a =$	(15)	$a =$

◆1次方程式

第27回　1次方程式　基本問題
(1) $x=-4$　　(2) $x=4$　　(3) $x=-5$　　(4) $x=5$　　(5) $x=3$
(6) $x=-3$　　(7) $x=-3$　　(8) $x=3$　　(9) $x=2$　　(10) $x=-2$
(11) $x=-2$　　(12) $x=2$　　(13) $x=1$　　(14) $x=1$　　(15) $x=-2$

＜解説＞…「両辺に＋－×÷」方式での説明

(1) $x+4=0$
　　$x+4-4=0-4$　←両辺に－4
　　$x=-4$

(2) $x-4=0$
　　$x-4+4=0+4$　←両辺に＋4
　　$x=4$

(3) $x+10=5$
　　$x+10-10=5-10$　←両辺に－10
　　$x=-5$

(4) $x-10=5$
　　$x-10+10=5+10$　←両辺に＋10
　　$x=5$

(5) $2x=6$
　　$2x\div 2=6\div 2$　←両辺を2で割る
　　$x=3$

(6) $-2x=6$
　　$-2x\div(-2)=6\div(-2)$
　　　　↑両辺を－2で割る↑
　　$x=-3$

(7) $2x=-6$
　　$2x\div 2=-6\div 2$　←両辺を2で割る
　　$x=-3$

(8) $-2x=-6$
　　$-2x\div(-2)=-6\div(-2)$
　　　　↑両辺を－2で割る↑
　　$x=3$

◆1次方程式

(9) $\frac{1}{2}x = 1$

　　$\frac{1}{2}x \times 2 = 1 \times 2$ 　←両辺に2をかける

　　$x = 2$

(10) $-\frac{1}{2}x = 1$

　　$-\frac{1}{2}x \times (-2) = 1 \times (-2)$
　　　　　↑両辺に-2をかける↑

　　$x = -2$

(11) $\frac{1}{2}x = -1$

　　$\frac{1}{2}x \times 2 = -1 \times 2$ 　←両辺に2をかける

　　$x = -2$

(12) $-\frac{1}{2}x = -1$

　　$-\frac{1}{2}x \times (-2) = -1 \times (-2)$
　　　　　↑両辺に-2をかける↑

　　$x = 2$

(13) $2x + 5 = 7$

　　$2x + 5 - 5 = 7 - 5$ 　←両辺に-5

　　$2x = 2$

　　$2x \div 2 = 2 \div 2$ 　←両辺を2で割る

　　$x = 1$

(14) $3x - 2 = -4x + 5$

　　$3x - 2 + 2 = -4x + 5 + 2$

　　$3x = -4x + 7$

　　$3x + 4x = -4x + 4x + 7$ 　←両辺に+4x

　　$7x = 7$

　　$7x \div 7 = 7 \div 7$ 　←両辺を7で割る

　　$x = 1$

(15) $x - 1 = 3x + 3$

　　$3x + 3 = x - 1$

　　$3x + 3 - 3 = x - 1 - 3$

　　$3x = x - 4$

　　$3x - x = x - x - 4$ 　←両辺に-x

　　$2x = -4$

　　$2x \div 2 = -4 \div 2$ 　←両辺を2で割る

　　$x = -2$

◆1次方程式

第28回　1次方程式　演習問題①

(1) $x = 6$　　(2) $x = -3$　　(3) $x = 8$　　(4) $x = 2$　　(5) $x = 4$

(6) $x = -1$　　(7) $x = -2$　　(8) $x = 5$　　(9) $x = 4$　　(10) $x = 3$

(11) $x = 3$　　(12) $x = 7$　　(13) $x = 7$　　(14) $x = -4$　　(15) $x = -8$

＜解説＞…移項方式での説明

(1) $10x - 6 = 9x$
$10x = 9x + 6$　　－6を右辺に移項
$10x = 9x + 6$
$10x - 9x = 6$　　9xを左辺に移項
$x = 6$

(2) $6x + 4 = 3x - 5$
$6x = 3x - 9$　　＋4を移項して計算
$3x = -9$　　3xを移項して計算
$x = -3$　　両辺を3で割る

(3) $7x - 4 = 5x + 12$
$7x = 5x + 16$　　－4を移項して計算
$2x = 16$　　5xを移項して計算
$x = 8$　　両辺を2で割る

(4) $3x - 4 = -2x + 6$
$3x = -2x + 10$　　－4を移項して計算
$5x = 10$　　－2xを移項して計算
$x = 2$　　両辺を5で割る

(5) $8 - 7x = -20$
$-7x = -28$　　8を移項して計算
$x = 4$　　両辺を－7で割る

(6) $x - 6 = 8x + 1$
$8x + 1 = x - 6$　　両辺を入れ替える
$8x = x - 7$　　＋1を移項して計算
$7x = -7$　　xを左辺に移項して計算
$x = -1$　　両辺を7で割る

◆ 1次方程式

(7) $2x - 6 = 5x$ ← 両辺を入れ替える
　　$5x = 2x - 6$ ← $2x$を左辺に移項して計算
　　$3x = -6$ ← 両辺を3で割る
　　$x = -2$

(8) $5x - 10 = 3x$ ← -10を右辺に移項
　　$5x = 3x + 10$ ← $3x$を左辺に移項して計算
　　$2x = 10$ ← 両辺を5で割る
　　$x = 5$

(9) $5x - 6 = 3x + 2$ ← $3x$を左辺，-6を右辺に移項して計算
　　$2x = 8$
　　$x = 4$

(10) $9x + 2 = 4x + 17$ ← $4x$を左辺，$+2$を右辺に移項して計算
　　$5x = 15$
　　$x = 3$

(11) $3x - 2 = x + 4$ ← xを左辺，-2を右辺に移項して計算
　　$2x = 6$
　　$x = 3$

(12) $4x - 21 = x$ ← xを左辺，-21を右辺に移項して計算
　　$3x = 21$
　　$x = 7$

(13) $x + 6 = 3x - 8$ ← 両辺入替
　　$3x - 8 = x + 6$ ← xを左辺，-8を右辺に移項して計算
　　$2x = 14$
　　$x = 7$

(14) $4 - x = 2x + 16$ ← 両辺入替
　　$2x + 16 = 4 - x$ ← $-x$を左辺，$+16$を右辺に移項して計算
　　$3x = -12$
　　$x = -4$

(15) $7x + 3 = 4x - 21$ ← $4x$を左辺，$+3$を右辺に移項して計算
　　$3x = -24$
　　$x = -8$

◆1次方程式

第29回 1次方程式 演習問題②

(1) $x=-3$	(2) $x=10$	(3) $x=3$	(4) $x=2$	(5) $x=2$
(6) $x=-3$	(7) $x=2$	(8) $x=2$	(9) $x=5$	(10) $x=-5$
(11) $x=6$	(12) $x=-2$	(13) $x=2$	(14) $x=-2$	(15) $x=2$

<解説>

(1) $x-5=3x+1$　両辺入替
　　$3x+1=x-5$　+1を右辺, xを左辺に移項
　　$2x=-6$　両辺を2で割る
　　$x=-3$

(2) $3x-4=2x+6$　$2x$を左辺, -4を右辺に移項して計算
　　$x=10$

(3) $4x-6=x+3$　xを左辺, -6を右辺に移項して計算
　　$3x=9$
　　$x=3$

(4) $4x-10=-5x+8$　$-5x$を左辺, -10を右辺に移項して計算
　　$9x=18$
　　$x=2$

(5) $2x+5=-4x+17$　$-4x$を左辺, $+5$を右辺に移項して計算
　　$6x=12$
　　$x=2$

(6) $5x=2x-9$　$2x$を左辺に移項
　　$3x=-9$
　　$x=-3$

(7) $4x+7=8x-1$　両辺入替
　　$8x-1=4x+7$　$4x$を左辺, -1を右辺に移項して計算
　　$4x=8$
　　$x=2$

◆１次方程式

(8) $3 - 2x = -5x + 9$
　　　$-5x$ を左辺，3 を右辺に移項して計算
　　$3x = 6$
　　$x = 2$

(9) $7x - 4 = 5x + 6$
　　　$5x$ を左辺，-4 を右辺に移項して計算
　　$2x = 10$
　　$x = 5$

(10) $7x + 5 = 4x - 10$
　　　$4x$ を左辺，$+5$ を右辺に移項して計算
　　$3x = -15$
　　$x = -5$

(11) $3x - 5 = x + 7$
　　　x を左辺，-5 を右辺に移項して計算
　　$2x = 12$
　　$x = 6$

(12) $x + 7 = 1 - 2x$
　　　$-2x$ を左辺，$+7$ を右辺に移項して計算
　　$3x = -6$
　　$x = -2$

(13) $5 - 6x = 2x - 11$　両辺入替
　　$2x - 11 = 5 - 6x$
　　　$-6x$ を左辺，-11 を右辺に移項して計算
　　$8x = 16$
　　$x = 2$

(14) $-3x + 7 = 2x + 17$　両辺入替
　　$2x + 17 = -3x + 7$
　　　$-3x$ を左辺，$+17$ を右辺に移項して計算
　　$5x = -10$
　　$x = -2$

(15) $-3x + 2 = 2x - 8$　両辺入替
　　$2x - 8 = -3x + 2$
　　　$-3x$ を左辺，-8 を右辺に移項して計算
　　$5x = 10$
　　$x = 2$

◆1次方程式

第30回　1次方程式　演習問題③

(1) $x=-4$　(2) $x=\dfrac{5}{6}$　(3) $x=\dfrac{2}{5}$　(4) $x=7$　(5) $x=-3$

(6) $x=-4$　(7) $x=6$　(8) $x=8$　(9) $x=-5$　(10) $x=4$

(11) $x=-2$　(12) $x=-2$　(13) $x=-5$　(14) $x=1$　(15) $x=5$

＜解説＞

(1) $x+18=-3x+2$
　　－3xを左辺，+18を右辺に移項して計算
$4x=-16$
$x=-4$

(2) $x+11=-5x+16$
　　－5xを左辺，+11を右辺に移項して計算
$6x=5$
$x=\dfrac{5}{6}$

(3) $2x+5=7-3x$
　　－3xを左辺，+5を右辺に移項して計算
$5x=2$
$x=\dfrac{2}{5}$

(4) $9x-8=5(x+4)$
　　右辺の5を分配
$9x-8=5x+20$
　　5xを左辺，－8を右辺に移項して計算
$4x=28$
$x=7$

(5) $x-9=3(x-1)$
　　右辺の3を分配
$x-9=3x-3$
　　両辺入替
$3x-3=x-9$
　　xを左辺，－3を右辺に移項して計算
$2x=-6$
$x=-3$

(6) $7x-(11x+2)=14$
　　左辺の－を分配
$7x-11x-2=14$
$-4x=16$
　　両辺を－4で割る
$x=-4$

◆１次方程式

(7) $9x + 2 = 8(x + 1)$ 　右辺の8を分配
　　$9x + 2 = 8x + 8$
　　　　$8x$を左辺，$+2$を右辺に移項して計算
　　$x = 6$

(8) $7(x - 1) = 5x + 9$ 　左辺の7を分配
　　$7x - 7 = 5x + 9$
　　　　$5x$を左辺，-7を右辺に移項して計算
　　$2x = 16$
　　$x = 8$

(9) $7x + 8 = 3(x - 4)$ 　右辺の3を分配
　　$7x + 8 = 3x - 12$
　　　　$3x$を左辺，$+8$を右辺に移項して計算
　　$4x = -20$
　　$x = -5$

(10) $5x - 6 = 2(x + 3)$ 　右辺の2を分配
　　$5x - 6 = 2x + 6$
　　　　$2x$を左辺，-6を右辺に移項して計算
　　$3x = 12$
　　$x = 4$

(11) $x - 7 = 9(x + 1)$ 　右辺の9を分配
　　$x - 7 = 9x + 9$ 　両辺入替
　　$9x + 9 = x - 7$
　　　　xを左辺，$+9$を右辺に移項して計算
　　$8x = -16$
　　$x = -2$

(12) $2x - 5 = 3(2x + 1)$ 　右辺の3を分配
　　$2x - 5 = 6x + 3$ 　両辺入替
　　$6x + 3 = 2x - 5$
　　　　$2x$を左辺，$+3$を右辺に移項して計算
　　$4x = -8$
　　$x = -2$

(13) $3x + 8 = 7(x + 4)$ 　右辺の7を分配
　　$3x + 8 = 7x + 28$ 　両辺入替
　　$7x + 28 = 3x + 8$
　　　　$3x$を左辺，$+28$を右辺に移項して計算
　　$4x = -20$
　　$x = -5$

(14) $x + 4 = 5(2x - 1)$ 　右辺の5を分配
　　$x + 4 = 10x - 5$ 　両辺入替
　　$10x - 5 = x + 4$
　　　　xを左辺，-5を右辺に移項して計算
　　$9x = 9$
　　$x = 1$

(15) $4(2x - 5) - 3 = 3x + 2$ 　左辺の4を分配
　　$8x - 20 - 3 = 3x + 2$
　　　　$3x$を左辺，-23を右辺に移項して計算
　　$5x = 25$
　　$x = 5$

◆1次方程式

第31回　1次方程式　演習問題④

(1) $x = -5$　　(2) $x = -7$　　(3) $x = -\dfrac{4}{7}$　　(4) $x = \dfrac{11}{7}$　　(5) $x = 2$

(6) $x = 8$　　(7) $x = \dfrac{3}{5}$　　(8) $x = 11$　　(9) $x = 2$　　(10) $x = -6$

(11) $x = \dfrac{3}{2}$　　(12) $x = -7$　　(13) $x = 11$　　(14) $x = -2$　　(15) $x = -4$

〈解説〉

(1) $\dfrac{4x+5}{3} = x$　　両辺に3をかける

$\dfrac{4x+5}{3} \times 3 = x \times 3$

$4x + 5 = 3x$

$x = -5$

(2) $\dfrac{3x+9}{4} = -x - 10$　　両辺に4をかける

$\dfrac{3x+9}{4} \times 4 = (-x - 10) \times 4$

$3x + 9 = -4x - 40$

$7x = -49$

$x = -7$

(3) $\dfrac{3}{4}x + 3 = 2 - x$　　両辺に4をかける

$\left(\dfrac{3}{4}x + 3\right) \times 4 = (2 - x) \times 4$

$3x + 12 = 8 - 4x$

$7x = -4$

$x = -\dfrac{4}{7}$

(4) $\dfrac{x-1}{4} = 2x - 3$　　両辺に4をかける

$\dfrac{x-1}{4} \times 4 = (2x - 3) \times 4$

$x - 1 = 8x - 12$

$7x = 11$

$x = \dfrac{11}{7}$

◆1次方程式

(5) $3x - 2 = \dfrac{5x + 6}{4}$　　両辺に4をかける

　　$(3x - 2) \times 4 = \dfrac{5x + 6}{4} \times 4$

　　$12x - 8 = 5x + 6$

　　$7x = 14$

　　$x = 2$

(6) $x - 6 = \dfrac{x}{4}$　　両辺に4をかける

　　$(x - 6) \times 4 = \dfrac{x}{4} \times 4$

　　$4x - 24 = x$

　　$3x = 24$

　　$x = 8$

(7) $2x - 1 = \dfrac{x}{3}$　　両辺に3をかける

　　$(2x - 1) \times 3 = \dfrac{x}{3} \times 3$

　　$6x - 3 = x$

　　$5x = 3$

　　$x = \dfrac{3}{5}$

(8) $\dfrac{4x - 5}{3} = 2x - 9$　　両辺に3をかける

　　$\dfrac{4x - 5}{3} \times 3 = (2x - 9) \times 3$

　　$4x - 5 = 6x - 27$

　　$2x = 22$

　　$x = 11$

(9) $\dfrac{1}{2}x + 3 = 2x$　　両辺に2をかける

　　$\left(\dfrac{1}{2}x + 3\right) \times 2 = 2x \times 2$

　　$x + 6 = 4x$

　　$x = 2$

(10) $x = \dfrac{1}{2}x - 3$　　両辺に2をかける

　　$x \times 2 = \left(\dfrac{1}{2}x - 3\right) \times 2$

　　$2x = x - 6$

　　$x = -6$

◆1次方程式

(11) $\dfrac{4x+3}{3} = -2x+6$　両辺に3をかける

$\dfrac{4x+3}{3} \times 3 = (-2x+6) \times 3$

$4x+3 = -6x+18$

$10x = 15$

$x = \dfrac{3}{2}$

(12) $\dfrac{3x-1}{2} = \dfrac{5x+2}{3}$

両辺の分母の最小公倍数6をかける

$\dfrac{3x-1}{2} \times 6 = \dfrac{5x+2}{3} \times 6$

$3(3x-1) = 2(5x+2)$

$9x-3 = 10x+4$

$x = -7$

(13) $\dfrac{3x+2}{5} = \dfrac{2x-1}{3}$

両辺の分母の最小公倍数15をかける

$\dfrac{3x+2}{5} \times 15 = \dfrac{2x-1}{3} \times 15$

$3(3x+2) = 5(2x-1)$

$9x+6 = 10x-5$

$x = 11$

(14) $\dfrac{x-2}{4} + \dfrac{2-5x}{6} = 1$

左辺の分母の最小公倍数12をかける

$\left(\dfrac{x-2}{4} + \dfrac{2-5x}{6}\right) \times 12 = 1 \times 12$

$3(x-2) + 2(2-5x) = 12$

$3x-6+4-10x = 12$

$-7x = 14$

$x = -2$

(15) $\dfrac{x}{4} - \dfrac{2x-7}{3} = 4$

左辺の分母の最小公倍数12をかける

$\left(\dfrac{x}{4} - \dfrac{2x-7}{3}\right) \times 12 = 4 \times 12$

$3x - 4(2x-7) = 48$

$3x - 8x + 28 = 48$

$-5x = 20$

$x = -4$

第32回　1次方程式　演習問題⑤

(1) $x = 4$	(2) $x = -6$	(3) $x = -10$	(4) $x = 2$	(5) $x = -17$
(6) $x = 8$	(7) $x = 4$	(8) $x = -2$	(9) $a = -7$	(10) $a = 8$
(11) $a = 6$	(12) $a = 4$	(13) $a = 8$	(14) $a = -2$	(15) $a = 7$

<解説>

(1) $x + 6 = 2(x + 1)$ 　　右辺の2を分配
　　$x + 6 = 2x + 2$
　　$2x - x = 6 - 2$
　　$x = 4$

(2) $3x - 24 = 2(4x + 3)$ 　　右辺の2を分配
　　$3x - 24 = 8x + 6$
　　$8x - 3x = -24 - 6$
　　$5x = -30$
　　$x = -6$

(3) $\dfrac{4}{5}x + 3 = \dfrac{1}{2}x$ 　　両辺を10倍
　　$\left(\dfrac{4}{5}x + 3\right) \times 10 = \dfrac{1}{2}x \times 10$
　　$8x + 30 = 5x$
　　$3x = -30$
　　$x = -10$

(4) $\dfrac{1}{2}x - 1 = \dfrac{x - 2}{5}$ 　　両辺を10倍
　　$\left(\dfrac{1}{2}x - 1\right) \times 10 = \dfrac{x - 2}{5} \times 10$
　　$5x - 10 = 2x - 4$
　　$3x = 6$
　　$x = 2$

◆1次方程式

(5) $\dfrac{x-4}{3}+\dfrac{7-x}{2}=5$　両辺を6倍

$\left(\dfrac{x-4}{3}+\dfrac{7-x}{2}\right)\times 6 = 5\times 6$

$2x-8+21-3x=30$

$-x=17$

$x=-17$

(6) $x+3.5=0.5(3x-1)$　両辺を10倍

$10\times(x+3.5)=10\times 0.5(3x-1)$

$10x+35=5(3x-1)$

$10x+35=15x-5$

$-5x=-40$

$x=8$

(7) $0.75x-1=0.5x$　両辺を100倍

$(0.75x-1)\times 100 = 0.5x\times 100$

$75x-100=50x$

$25x=100$

$x=4$

(8) $0.2(x-2)=x+1.2$　両辺を10倍

$10\times 0.2(x-2)=10\times(x+1.2)$

$2(x-2)=10x+12$

$2x-4=10x+12$

$-8x=16$

$x=-2$

(9) $3x+a=8$ の解が 5 より,

x に 5 を代入して,

$3\times 5+a=8$

$15+a=8$

$a=-7$

(10) $6-x=x+2a$ の解が -5 より,

x に -5 を代入して,

$6-(-5)=-5+2a$

$2a=16$

$a=8$

◆1次方程式

(11) $ax+3=8x-7$ の解が 5 より，

x に 5 を代入して，

$5 \times a + 3 = 5 \times 8 - 7$

$5a + 3 = 33$

$5a = 30$

$\boldsymbol{a = 6}$

(12) $9x-3=ax+12$ の解が 3 より，

x に 3 を代入して，

$9 \times 3 - 3 = a \times 3 + 12$

$27 - 3 = 3a + 12$

$3a = 12$

$\boldsymbol{a = 4}$

(13) $x+2a=7x-8$ の解が 4 より，

x に 4 を代入して，

$4 + 2a = 7 \times 4 - 8$

$2a = 28 - 8 - 4$

$2a = 16$

$\boldsymbol{a = 8}$

(14) $3x-a=2(x-a)+1$ の解が 3 より，

x に 3 を代入して，

$3 \times 3 - a = 2(3 - a) + 1$

$9 - a = 6 - 2a + 1$

$\boldsymbol{a = -2}$

(15) $ax-3(a-2)x=8-4x$

の解が -2 より，x に -2 を代入して，

$-2a - 3(a-2) \times (-2)$
$\qquad = 8 - 4 \times (-2)$

$-2a + 6(a-2) = 8 + 8$

$-2a + 6a - 12 = 16$

$4a = 28$

$\boldsymbol{a = 7}$

◆比例反比例

●比例反比例【指導のポイント】

＊具体的な指導法については，解答解説中で詳しく示します。

★比例とは？

x の増加（減少）にともなって y が増加（減少）し，ひとつの値になるもの

<比例の一般式>　　　$y = ax$

・a を変化の割合（傾き・比例定数）という

・比例では，変化の割合は一定で，変化の割合 $a = \dfrac{(y の増加量)}{(x の増加量)}$

★比例のグラフ

・$a > 0$ のとき右上がりに，$a < 0$ のとき右下がりになる

・$a > 0$　　　　　　　　　　　・$a < 0$

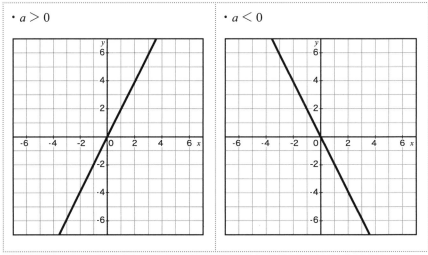

＊必ず原点 (0, 0) を通るので，傾きか通過する1点がわかれば，比例式が決まり，グラフが描ける

★反比例とは？

- ともなって変わる変数 x と y の積が一定 a となるもの

    反比例：$xy = a$（一定）

  これを変形する（両辺を x で割る）と，次の一般式となる

  > ＜反比例の一般式＞　　　$y = \dfrac{a}{x}$

- a **を比例定数**という　（×反比例定数とは言わない）

★反比例のグラフ

- 反比例のグラフは a の正負によって，次のような双曲線になる

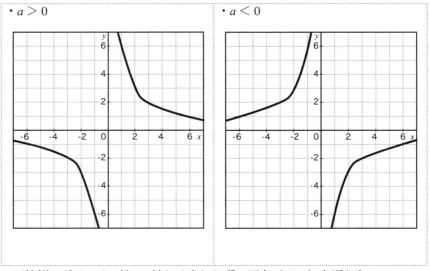

- $a > 0$
- $a < 0$

＊反比例のグラフは x 軸，y 軸とは交わらず，原点（0, 0）を通らない

＊グラフにいくつかの x, y の値の組を座標点として示し，これらをなめらかな曲線でつなぐとグラフが描ける

第33回	比例反比例①	学習日　月　日
演習テスト	なまえ	得点

(1) $y = -\dfrac{3}{4}x$ のグラフをかきなさい。　　　　　　　　　　　　　　　（長野）

(2) $y = \dfrac{4}{x}$ のグラフをかきなさい。　　　　　　　　　　　　　　　　（岐阜）

(3) 比例式，$4 : x = 2 : 3$　の x の値を求めなさい。　　　　　　　　　（沖縄）

(4) 比例式，$(x-4) : 3 = x : 5$　の x の値を求めなさい。　　　　　　（青森）

(5) 比例式，$15 : (x-2) = 3 : 2$　の x の値を求めなさい。　　　　　（茨城）

(6) 比例式，$4 : 3 = (x-8) : 18$　の x の値を求めなさい。　　　　　（秋田）

(7) 表で，y が x に比例するとき，空欄にあてはまる数を求めなさい。　（青森）

x		-2	0
y	4	3	0

(8) 表で，y が x に比例するとき，空欄にあてはまる数を求めなさい。　（宮城）

x	…	-4	…	1	2	3	…
y	…		…	3	6	9	…

(9) 表は, y が x に反比例する関係を表している。a の値を求めなさい。（長野）

x	$\cdots$	-9	$\cdots$	-3	$\cdots$
y	$\cdots$	a	$\cdots$	2	$\cdots$

(10) 表は, y が x に反比例する関係を表している。a の値を求めなさい。（広島）

x	$\cdots$	3	$\cdots$	6	$\cdots$	9	$\cdots$
y	$\cdots$	-6	$\cdots$	a	$\cdots$	-2	$\cdots$

(1)		(2)	
(3)	$x=$	(4)	$x=$
(5)	$x=$	(6)	$x=$
(7)		(8)	$y=$
(9)	$a=$	(10)	$a=$

◆比例反比例

第34回 演習テスト	比例反比例② なまえ	学習日　月　日 得点

(1) y は x に比例し，$x=1$ のとき $y=4$ である。$x=-2$ のときの y の値を答えなさい。　　　　　　　　　　　　　　　　（新潟）

(2) y は x に比例し，$x=3$ のとき，$y=-9$ である。$x=-2$ のときの y の値を求めなさい。　　　　　　　　　　　　　　（富山）

(3) y は x に比例し，$x=3$ のとき $y=-6$ となります。$x=-5$ のときの y の値を求めなさい。　　　　　　　　　　　　　　（北海道）

(4) y は x に比例し，$x=2$ のとき $y=-6$ である。$x=-1$ のときの y の値を求めよ。　　　　　　　　　　　　　　　　　（奈良）

(5) y が x に反比例し，$x=4$ のとき $y=10$ である。$x=5$ のときの y の値を求めなさい　　　　　　　　　　　　　　　　（山口）

(6) y は x に反比例し，$x=2$ のとき $y=-14$ である。$x=-7$ のときの y の値を求めよ。　　　　　　　　　　　　　　　　（福岡）

(7) y は x に反比例し，$x=3$ のとき $y=-6$ である。$x=-2$ のときの y の値を求めなさい。　　　　　　　　　　　　　　（富山）

◆比例反比例

(8) y は x に反比例し，$x=6$ のとき $y=-3$ である。$y=9$ のときの x の値を求めなさい。　　　　　　　　　　　　　　　　（兵庫）

(9) 図は，y が x に比例する関数のグラフである。y を x の式で表しなさい。　（栃木）

(10) 図は，y が x に反比例しているグラフである。y を x の式で表せ。　（鹿児島）

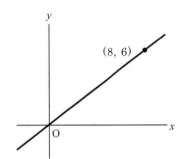
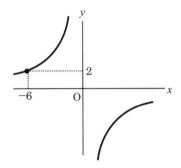

(1)	$y=$	(2)	$y=$
(3)	$y=$	(4)	$y=$
(5)	$y=$	(6)	$y=$
(7)	$y=$	(8)	$x=$
(9)	$y=$	(10)	$y=$

◆比例反比例

第35回	比例反比例③		学習日　月　日
演習テスト	なまえ		得点

(1) y が x に比例し，$x = 2$ のとき $y = 10$ である。このとき，y を x の式で表しなさい。　　　　　　　　　　　　　　　　　　　　　　　　　　　（山口）

(2) y は x に比例し，$x = 2$ のとき，$y = 8$ である。このとき，y を x の式で表しなさい。　　　　　　　　　　　　　　　　　　　　　　　　　　　（長崎）

(3) y は x に比例し，そのグラフが点 $(5, 3)$ を通るとき，y を x の式で表しなさい。　　　　　　　　　　　　　　　　　　　　　　　　　　　　　（高知）

(4) y は x に反比例し，$x = 2$ のとき，$y = 4$ である。このとき，比例定数を求めなさい。　　　　　　　　　　　　　　　　　　　　　　　　　　　（和歌山）

(5) y は x に反比例し，$x = -5$ のとき $y = 6$ である。このとき，比例定数を求めなさい。　　　　　　　　　　　　　　　　　　　　　　　　　　　（島根）

(6) 2つの数 x，y の積が 8 であるとき，y を x の式で表せ。　　　　（鹿児島）

(7) y は x に反比例し，$x = 5$ のとき，$y = 3$ である。このとき，y を x の式で表せ。　　　　　　　　　　　　　　　　　　　　　　　　　　　　（長崎）

(8) y は x に反比例し，$x=2$ のとき $y=-6$ である。y を x の式で表しなさい。

（千葉）

(9) 図は，点 $(2, 4)$ を通る反比例の
グラフである。
y を x の式で表しなさい。（福島）

(10) 図は，y が x に反比例する
関数のグラフである。
y を x の式で表しなさい。（栃木）

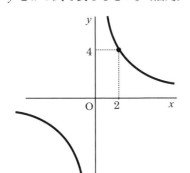

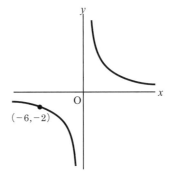

(1)	$y=$	(2)	$y=$
(3)	$y=$	(4)	
(5)		(6)	$y=$
(7)	$y=$	(8)	$y=$
(9)	$y=$	(10)	$y=$

第36回	比例反比例④		学習日　月　日
演習テスト	なまえ		得点

(1) 関数 $y = \dfrac{36}{x}$ で，x の変域が $4 \leqq x \leqq 12$ のとき，y の変域を求めよ。（青森）

(2) 関数 $y = \dfrac{6}{x}$ で，x の変域を $3 \leqq x \leqq 8$ のとき，y の変域を求めよ。（茨城）

(3) 図は反比例のグラフで，グラフ上の8つの●印は，x 座標，y 座標の値がともに整数である点を表しています。x の変域が $2 \leqq x \leqq 6$ のとき，y の変域を求めなさい。（岩手）

(4) y は x に反比例し，そのグラフは図のように点 A(2, 5) を通ります。x の変域が $1 \leqq x \leqq 5$ のときの y の変域を求めなさい。（宮城）

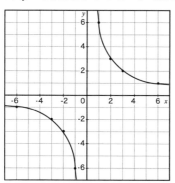
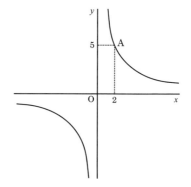

(5) 比例式 $(x-3):8 = 3:2$ をみたす x の値を求めなさい。　　　　（愛知）

(6) y は x に比例し，$x = 2$ のとき，$y = 8$ である。$x = -3$ のときの y の値を求めなさい。　　　　（徳島）

(7) y は x に反比例し，$x = -6$ のとき $y = 2$ である。比例定数を求めなさい。（富山）

(8) y は x に反比例し，$x = 4$ のとき $y = -3$ である。$x = -2$ のときの y の値を求めなさい。　　　　（福岡）

(9) y は x に比例し，$x = 12$ のとき $y = 4$ である。y を x の式で表せ。　　　　（高知）

(10) y は x に反比例し，$x = 2$ のとき $y = -3$ である。このとき，y を x の式で表しなさい。　　　　（群馬）

(1)	$\leqq y \leqq$	(2)	$\leqq y \leqq$
(3)	$\leqq y \leqq$	(4)	$\leqq y \leqq$
(5)	$x =$	(6)	$y =$
(7)		(8)	
(9)	$y =$	(10)	$y =$

◆比例反比例

第37回	比例反比例⑤		学習日　月　日
演習テスト	なまえ		得点

(1) 表は y が x に反比例する関係を表している。空欄にあてはまる数を求めなさい。

（秋田）

x	－2	－1	0	1	2	3
y	－12	－24	×	24	12	

(2) 表は，y が x に反比例する関係を表している。y を x の式で表しなさい。

（栃木）

x	…	－1	0	1	2	3	…
y	…	－12	×	12	6	4	…

(3) y は x に比例し，$x=-3$ のとき，$y=6$ である。$x=9$ のときの y の値を求めよ。

（鹿児島）

(4) y は x に比例し，そのグラフが点 $(2, -6)$ を通る。このとき，y を x の式で表しなさい。

（福島）

(5) 反比例 $y=\dfrac{a}{x}$ のグラフが，点 $(4, -3)$ を通るとき，a の値を求めなさい。

（兵庫）

◆比例反比例

(6) y は x に反比例し,$x=-6$ のとき $y=5$ である。$x=15$ のときの y の値を求めよ。
（高知）

(7) y は x に反比例し,$x=3$ のとき $y=3$ である。y を x の式で表しなさい。（新潟）

(8) $y=\dfrac{a}{x}$ のグラフが点 $(4,\ 2)$ を通る。x の変域が $-3\leqq x\leqq -1$ のとき,y の変域を求めなさい。
（国立高専）

(9) y は x に反比例し,$x=3$ のとき,$y=2$ である。y を x の式で表せ。（長崎）

(10) y は x に反比例し,$x=3$ のとき $y=-4$ となります。$y=2$ のとき,x の値を求めなさい。
（北海道）

(1)		(2)	$y=$
(3)	$y=$	(4)	$y=$
(5)	$a=$	(6)	$y=$
(7)	$y=$	(8)	$\leqq y \leqq$
(9)	$y=$	(10)	$x=$

◆比例反比例

第38回 演習テスト	比例反比例⑥ なまえ	学習日　月　日 得点

(1) 表で，y が x に比例するとき，空欄にあてはまる数を求めなさい。　（青森）

x		-3	0
y	5	2	0

(2) y は x に比例し，$x = 3$ のとき，$y = 12$ である。y を x の式で表せ。　（長崎）

(3) y は x に反比例し，$x = 6$ のとき $y = -4$ である。$x = -3$ のときの y の値を求めよ。　（京都）

(4) $y = \dfrac{a}{x}$ のグラフが，点 $(-3, 2)$ を通るとき，a の値を求めなさい。　（兵庫）

(5) y は x に反比例し，そのグラフが点 $(-2, -3)$ を通るとき，y を x の式で表せ。　（高知）

(6) 2つの変数 x, y が，表のような値をとっている。y が x に反比例するとき，y を x の式で表しなさい。　（山梨）

x	1		6	9	15
y		-4	-2		

(7) y は x に反比例し,x の変域が $2 \leqq x \leqq 6$ のときの y の変域が $2 \leqq y \leqq 6$ である。$x = 3$ のときの y の値を求めなさい。　　　　　　　　　　（愛知）

(8) $y = \dfrac{24}{x}$ について,x の変域が $4 \leqq x \leqq 8$ のとき,y の変域が $a \leqq y \leqq 6$ となる。このとき,$a = \boxed{}$ である。　　　　　　　　　　（岡山）

(9) y は x に比例し,その比例定数は負の数です。x の変域が $-6 \leqq x \leqq 3$ のとき,y の変域は,$-7 \leqq y \leqq \boxed{}$ になります。　　　　　　　　　　（宮城）

(10) $y = -\dfrac{12}{x}$ について,x の値が 2 から 4 まで増加するときの変化の割合を求めよ。　　　　　　　　　　（国立高専）

(1)	$x =$	(2)	$y =$
(3)	$y =$	(4)	$a =$
(5)	$y =$	(6)	$y =$
(7)	$y =$	(8)	$a =$
(9)		(10)	

◆比例反比例

第33回　比例反比例①

(1) 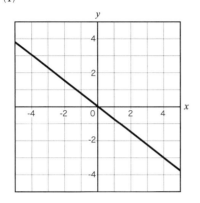　　(2)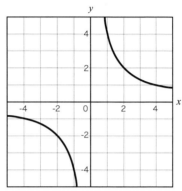

(3) $x = 6$　　(4) $x = 10$　　(5) $x = 12$　　(6) $x = 32$

(7) $-\dfrac{8}{3}$　　(8) -12　　(9) $a = \dfrac{2}{3}$　　(10) $a = -3$

＜解説＞

(3) $4 : x = 2 : 3$ より，
$2x = 4 \times 3$
$x = 6$

(4) $(x - 4) : 3 = x : 5$ より，
$5(x - 4) = 3x$
$5x - 20 = 3x$
$2x = 10$
$x = 10$

(5) $15 : (x - 2) = 3 : 2$ より，
$3(x - 2) = 15 \times 2$
$3x - 6 = 30$
$x = 12$

(6) $4 : 3 = (x - 8) : 18$ より，
$3(x - 8) = 4 \times 18$ ⎫ 両辺を3で割る
$(x - 8) = 4 \times 6$ ⎭
$x = 32$

(7) ［解１］一般的な解き方

y は x に比例するので，

$y = ax$ とする。表より，

$x = -2$ のとき $y = 3$ なので，

$$3 = -2a \quad a = -\frac{3}{2}$$

よって，$y = -\frac{3}{2}x$ …①

①式に $y = 4$ を代入して，

$$4 = -\frac{3}{2}x \quad \mathbf{x} = -\frac{8}{3}$$

［解２］こちらの方が解きやすい

比例 $x : y = x' : y'$ と同様に考えて，

表より，空欄の数を b とすると，

$$b : 4 = -2 : 3$$

これを解いて，

$$\mathbf{b} = -\frac{8}{3}$$

＊(8)は，［解２］の解法で解説する

(8) 比例 $x : y = x' : y'$ と同様に考えて，

表より，空欄の数を b とすると，

$$-4 : b = 1 : 3$$

これを解いて，

$$b = -12$$

(9) ［解１］一般的な解き方

y は x に反比例するので，

$y = \frac{a}{x}$ とする。表より，

$x = -3$, $y = 2$ より，

$$2 = -\frac{a}{3} \quad a = -6$$

よって，$y = -\frac{1}{6}x$ …①

①式に $y = -9$ を代入して，

$$a = -\frac{1}{6} \times (-9)$$

$$a = \frac{2}{3}$$

［解２］こちらの方が解きやすい

反比例 $xy = x'y' = （一定）$ より，

$$-9a = -3 \times 2$$

これを解いて，

$$a = \frac{2}{3}$$

＊(10)は，［解２］の解法で解説する

(10) 反比例 $xy = x'y' = （一定）$ より，

$$6a = 3 \times (-6)$$

これを解いて，

$$a = -3$$

◆比例反比例

第34回　比例反比例②

(1) $y=-8$　　(2) $y=6$　　(3) $y=10$　　(4) $y=3$　　(5) $y=8$

(6) $y=4$　　(7) $y=9$　　(8) $x=-2$　　(9) $y=\dfrac{3}{4}x$　　(10) $y=-\dfrac{12}{x}$

<解説>

(1) [解１] 一般的な解き方

比例の一般式 $y=ax$ に

$x=1$, $y=4$ を代入すると,

$a=4$

よって, $y=4x$ …①

①式に $x=-2$ を代入して,

$y=4\times(-2)$

$y=-8$

[解２] こちらの方が解きやすい

比例 $x:y=x':y'$ と考えて,

$1:4=-2:y$

これを解いて,

$y=-8$

＊(2)～(4)は,[解２]の解法で解説する

(2) 比例 $x:y=x':y'$ と考えて,

$3:-9=-2:y$

これを解いて,

$y=6$

(3) 比例 $x:y=x':y'$ と考えて,

$3:-6=-5:y$

これを解いて,

$y=10$

(4) 比例 $x:y=x':y'$ と考えて,

$2:-6=-1:y$

これを解いて,

$y=3$

(5) [解１] 一般的な解き方

反比例の一般式 $y=\dfrac{a}{x}$ に,

$x=4$, $y=10$ を代入すると,

$10=\dfrac{a}{4}$　　$a=40$

よって, $y=\dfrac{40}{x}$ …①

①式に $x=5$ を代入して,

$y=\dfrac{40}{5}$　　$y=8$

114

[解2] こちらの方が解きやすい

反比例 $xy = x'y' = a$ （比例定数）

より，

$$4 \times 10 = 5 \times y$$

$$5y = 40$$

これを解いて，

$$y = 8$$

＊(6)〜(8)は，[解2] の解法で解説する

(6) 反比例 $xy = x'y' = a$ （比例定数）

より，

$$2 \times (-14) = -7 \times y$$

これを解いて，

$$y = 4$$

(7) 反比例 $xy = x'y' = a$ （比例定数）

より，

$$3 \times (-6) = -2 \times y$$

これを解いて，

$$y = 9$$

(8) 反比例 $xy = x'y' = a$ （比例定数）

より，

$$6 \times (-3) = x \times 9$$

これを解いて，

$$x = -2$$

(9) グラフは比例するので，

比例の一般式 $y = ax$ に，

$x = 8$，$y = 6$ を代入すると，

$$6 = a \times 8 \quad a = \frac{3}{4}$$

よって求める式は，

$$y = \frac{3}{4}x$$

(10) グラフは反比例より，

$$a（比例定数）= -6 \times 2 = -12$$

これを反比例の一般式に代入

すると，

$$y = -\frac{12}{x}$$

◆比例反比例

第35回　比例反比例③

(1) $y = 5x$　　(2) $y = 4x$　　(3) $y = \dfrac{3}{5}x$　　(4) 8　　(5) -30

(6) $y = \dfrac{8}{x}$　　(7) $y = \dfrac{15}{x}$　　(8) $y = -\dfrac{12}{x}$　　(9) $y = \dfrac{8}{x}$　　(10) $y = \dfrac{12}{x}$

<解説>

(1) 比例の一般式 $y = ax$ に，

　　$x = 2$, $y = 10$ を代入すると，

　　　$10 = 2a$

　　　$a = 5$

　　これを比例の一般式に代入して，

　　　$y = 5x$

(2) 比例の一般式 $y = ax$ に，

　　$x = 2$, $y = 8$ を代入すると，

　　　$8 = 2a$

　　　$a = 4$

　　これを比例の一般式に代入して，

　　　$y = 4x$

(3) 比例の一般式 $y = ax$ に，

　　$x = 5$, $y = 3$ を代入すると，

　　　$3 = 5a$　　$a = \dfrac{3}{5}$

　　これを比例の一般式に代入して，

　　　$y = \dfrac{3}{5}x$

(4) 反比例の比例定数式 $a = xy$ より，

　　求める比例定数 a は，

　　　$a = 2 \times 4 = 8$

(5) 反比例の比例定数式 $a = xy$ より，

　　求める比例定数 a は，

　　　$a = -5 \times 6 = -30$

(6) 2つの数 x, y の積が 8 より,
$$xy = 8$$
両辺を x で割ると,
$$y = \frac{8}{x}$$

(7) 反比例の比例定数式 $a = xy$ に, $x = 5$, $y = 3$ を代入すると,
$$a = 5 \times 3 = 15$$
これを反比例の一般式に代入して,
$$y = \frac{15}{x}$$

(8) 反比例の比例定数式 $a = xy$ に, $x = 2$, $y = -6$ を代入すると,
$$a = 2 \times (-6) = -12$$
これを反比例の一般式に代入して,
$$y = -\frac{12}{x}$$

(9) 反比例のグラフは, $x = 2$, $y = 4$ を通るので, 反比例の比例定数式 $a = xy$ に代入して,
$$a = 2 \times 4 = 8$$
これを反比例の一般式に代入して,
$$y = \frac{8}{x}$$

(10) 図より, 反比例のグラフは, $x = -6$, $y = -2$ を通るので,
比例定数 $a = (-6) \times (-2) = 12$
これを反比例の一般式に代入して,
$$y = \frac{12}{x}$$

◆比例反比例

第36回　比例反比例④

(1) $3 \leqq y \leqq 9$　(2) $\dfrac{3}{4} \leqq y \leqq 2$　(3) $1 \leqq y \leqq 3$　(4) $2 \leqq y \leqq 10$　(5) $x = 15$

(6) $y = -12$　(7) -12　(8) $y = 6$　(9) $y = \dfrac{1}{3}x$　(10) $y = -\dfrac{6}{x}$

＜解説＞

(1) $y = \dfrac{36}{x}$　$(4 \leqq x \leqq 12)$ において，

　　$x = 4$ のとき，$y = \dfrac{36}{4} = 9$（最大）

　　$x = 12$ のとき，$y = \dfrac{36}{12} = 3$（最小）

　　よって，y の変域は，

　　　$3 \leqq y \leqq 9$

(2) $y = \dfrac{6}{x}$　$(3 \leqq x \leqq 8)$ において，

　　$x = 3$ のとき，$y = \dfrac{6}{3} = 2$（最大）

　　$x = 8$ のとき，$y = \dfrac{6}{8} = \dfrac{3}{4}$（最小）

　　よって，y の変域は，

　　　$\dfrac{3}{4} \leqq y \leqq 2$

(3) 図より，反比例のグラフは，

　　$x = 1$，$y = 6$ を通るので，

　　　比例定数 $a = 1 \times 6 = 6$

　　これを反比例の一般式に代入して，

　　　$y = \dfrac{6}{x}$

　　x の変域が $2 \leqq x \leqq 6$ より，

　　$x = 2$ のとき，$y = \dfrac{6}{2} = 3$（最大）

　　$x = 6$ のとき，$y = \dfrac{6}{6} = 1$（最小）

　　よって，y の変域は，

　　　$1 \leqq y \leqq 3$

(4) 図より，反比例のグラフは，
$x=2, y=5$ を通るので，
比例定数 $a=2\times5=10$
これを反比例の一般式に代入して，
$$y=\frac{10}{x}$$
x の変域が $1\leqq x\leqq 5$ より，
$x=1$ のとき, $y=\frac{10}{1}=10$（最大）
$x=5$ のとき, $y=\frac{10}{5}=2$（最小）
よって，y の変域は，
$$2\leqq y\leqq 10$$

(5) 比例 $x:y=x':y'$ より，
$(x-3):8=3:2$
$2(x-3)=8\times3$
これを解いて，$x=15$

(6) 比例式 $x:y=x':y'$ より，
$2:8=-3:y$
これを解いて，
$$y=-12$$

(7) 反比例の比例定数式 $a=xy$ より，
求める比例定数は，
$-6\times2=-12$

(8) 反比例 $xy=x'y'=a$（比例定数）
より，
$4\times(-3)=-2\times y$
これを解いて，
$$y=6$$

(9) 比例の一般式 $y=ax$ に，
$x=12, y=4$ を代入すると，
$4=a\times12 \quad a=\frac{1}{3}$
よって求める式は，
$$y=\frac{1}{3}x$$

(10) 反比例の比例定数式 $a=xy$ に，
$x=2, y=-3$ を代入すると，
$a=2\times(-3)=-6$
これを反比例の一般式に代入して，
$$y=-\frac{6}{x}$$

◆比例反比例

第37回　比例反比例⑤

(1) 8　　(2) $y = \dfrac{12}{x}$　　(3) $y = -18$　　(4) $y = -3x$　　(5) $a = -12$

(6) $y = -2$　　(7) $y = \dfrac{9}{x}$　　(8) $-8 \leqq y \leqq -\dfrac{8}{3}$　　(9) $y = \dfrac{6}{x}$　　(10) $x = -6$

<解説>

(1) 表より $x = 3$ のとき y が空欄と，
$x = 1$ のとき $y = 24$ を読み取る
反比例の比例定数式 $a = xy = x'y'$
より，
$$3 \times y = 1 \times 24$$
これを解いて，
$$y = 8$$

(2) 反比例の比例定数式 $a = xy$ に，
表より $x = 1, y = 12$ を代入すると，
$$a = 1 \times 12 \qquad a = 12$$
これを反比例の一般式に代入して，
$$y = \dfrac{12}{x}$$

(3) 比例式 $x : y = x' : y'$ より，
$$-3 : 6 = 9 : y$$
これを解いて，
$$-3y = 6 \times 9$$
$$y = -18$$

(4) 比例の一般式 $y = ax$ に，
$x = 2, y = -6$ を代入すると，
$$-6 = a \times 2$$
$$a = -3$$
よって求める式は，
$$y = -3x$$

(5) 反比例の比例定数式 $a = xy$ に，
$x = 4, y = -3$ を代入すると，
$$a = 4 \times (-3)$$
$$a = -12$$

(6) 反比例の比例定数式 $a = xy = x'y'$
より，
$$-6 \times 5 = 15 \times y$$
これを解いて，
$$y = -2$$

(7) 反比例の（比例定数）式 $a = xy$ に，

$x = 3$, $y = 3$ を代入すると，

$a = 3 \times 3 = 9$

これを反比例の一般式に代入して，

$y = \dfrac{9}{x}$

(8) 反比例の（比例定数）式 $a = xy$ に，

$x = 4$, $y = 2$ を代入すると，

$a = 4 \times 2 = 8$

これを反比例の一般式に代入して，

$y = \dfrac{8}{x}$

x の変域が $-3 \leqq x \leqq -1$ より，

$x = -3$ のとき，$y = -\dfrac{8}{3}$（最大）

$x = -1$ のとき，$y = -8$（最小）

よって，y の変域は，

$-8 \leqq y \leqq -\dfrac{8}{3}$

(9) 反比例の（比例定数）式 $a = xy$ に，

$x = 3$, $y = 2$ を代入すると，

$a = 3 \times 2 = 6$

これを反比例の一般式に代入して，

$y = \dfrac{6}{x}$

(10) 反比例の比例定数式 $a = xy = x'y'$ より，

$3 \times (-4) = x \times 2$

これを解いて，

$x = -6$

◆比例反比例

第38回　比例反比例⑥
(1) $x = -\dfrac{15}{2}$　(2) $y = 4x$　(3) $y = 8$　(4) $a = -6$　(5) $y = \dfrac{6}{x}$ (6) $y = -\dfrac{12}{x}$　(7) $y = 4$　(8) $a = 3$　(9) 14　(10) $\dfrac{3}{2}$

<解説>

(1) 比例式 $x:y=x':y'$ より，

$-3:2 = x:5$

これを解いて，

$2x = (-3)\times 5$

$x = -\dfrac{15}{2}$

(2) 比例の一般式 $y = ax$ に，

$x=3,\ y=12$ を代入すると，

$12 = a\times 3$

$a = 4$

よって求める式は，

$y = 4x$

(3) 反比例 $xy = x'y' = a$（比例定数）より，

$6\times(-4) = -3\times y$

これを解いて，

$y = 8$

(4) $y = \dfrac{a}{x}$ に $(-3,\ 2)$ を代入すると，

$2 = -\dfrac{a}{3}$

$a = -6$

(5) 反比例の（比例定数）式 $a = xy$ に，

$x=-2,\ y=-3$ を代入すると，

$a = (-2)\times(-3) = 6$

これを反比例の一般式に代入して，

$y = \dfrac{6}{x}$

(6) 反比例の（比例定数）式 $a = xy$ に，

$x=6,\ y=-2$ を代入すると，

$a = 6\times(-2) = -12$

これを反比例の一般式に代入して，

$y = -\dfrac{12}{x}$

(7) 反比例の式で，x, y の変域はともに正より，この式，x の値が増加すると y の値は減少する。

反比例の式は $x = 2$ のとき $y = 6$ をとる。ここで反比例の（比例定数）式 $a = xy$ に，$x = 2, y = 6$ を代入すると，
$$a = 2 \times 6 = 12$$
よって，この反比例の式は，
$$y = \frac{12}{x} \quad \cdots ①$$
① に $x = 3$ を代入すると，
$$\boldsymbol{y = 4}$$

(8) $y = \dfrac{24}{x}$ は反比例の式なので，$x > 0$ のとき x の値が増加すると y の値は減少する。

したがって，a は $x = 8$ のときの y の値なので，
$$\boldsymbol{a = \frac{24}{8} = 3}$$

(9) 比例の式で，比例定数が負より，比例式は $x = 3$ のとき，$y = -7$ をとる。ここで比例の一般式 $y = ax$ に，$x = 3, y = -7$ を代入すると，
$$-7 = a \times 3$$
$$a = -\frac{7}{3}$$
よって，この比例式は，
$$y = -\frac{7}{3}x \quad \cdots ①$$
① に $x = -6$ を代入すると，
$$y = -\frac{7}{3} \times (-6) = \boldsymbol{14}$$

(10) $y = -\dfrac{12}{x}$ について，
$$x = 2 \text{ のとき } y = -\frac{12}{2} = -6$$
$$x = 4 \text{ のとき } y = -\frac{12}{4} = -3$$
よって，変化の割合は，
$$\text{変化の割合} = \frac{y \text{の増加量}}{x \text{の増加量}}$$
$$= \frac{-3-(-6)}{4-2} = \boldsymbol{\frac{3}{2}}$$

◆図形（平面図形・空間図形）

●図形（平面図形・空間図形）【指導のポイント】

＊図形は説明し甲斐がありますが，理解・定着の個人差が大きく，定期テストや実力テストや高校入試では得点力につながりにくい分野です。個別指導・家庭教師で扱う場合は，あまり深入りせずに，基本事項の確認と最小限の演習にとどめるのが指導のコツです。

★直線・角・位置関係

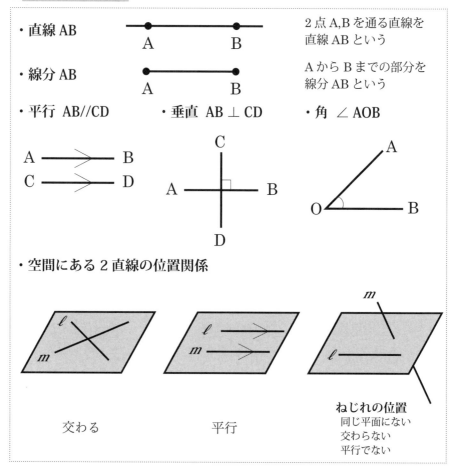

★対称な図形

・線対称な図形

1つの直線を折り目に折ると
ぴったり重なる図形

・点対称な図形

180°回転させると
ぴったり重なる図形

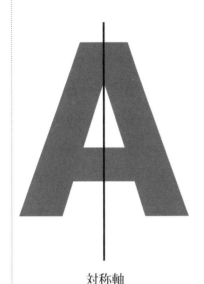

対称軸

対称の中心

- 線対称な図形の例：二等辺三角形，正三角形，長方形，正五角形
- 点対称な図形の例：平行四辺形
- 線対称かつ点対称な図形の例：ひし形，正方形，正六角形，円

◆図形（平面図形・空間図形）

★円とおうぎ形

・円周と面積

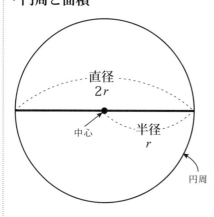

・弧と弦

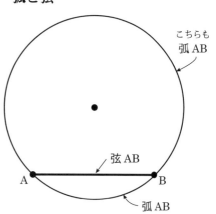

半径を r, 円周率を π とすると
円周の長さ $= 2\pi r$
円の面積 $= \pi r^2$

弧：円周の一部のこと　記号は $\overset{\frown}{AB}$
弦：円周上の2点を通る線分のこと

・おうぎ形

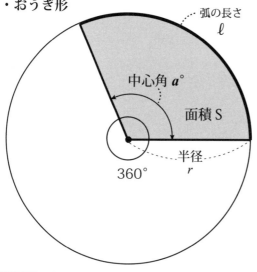

*おうぎ形は円の一部と考える

半径 r, 中心角 $a°$, 円周率 π

おうぎ形の弧の長さ ℓ

おうぎ形の面積 S とすると,

$$\ell = 2\pi r \times \frac{a}{360}$$

$$S = \pi r^2 \times \frac{a}{360}$$

$$= \frac{1}{2}\ell r$$

◆図形（平面図形・空間図形）

★柱とすいの体積

・柱の体積 V ＝ 底面積×高さ

・すいの体積 V ＝ 底面積×高さ×$\frac{1}{3}$

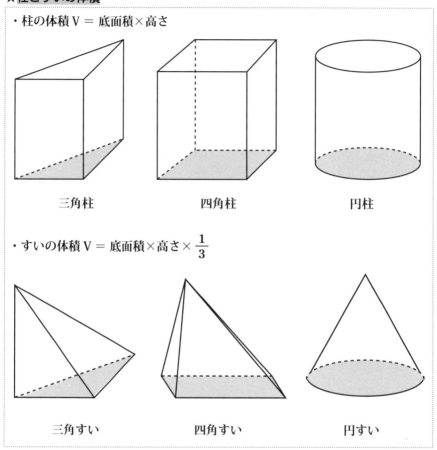

◆図形（平面図形・空間図形）

★立体の面積

＊立体の面積は展開図を描いて考える

・円柱の側面積と表面積

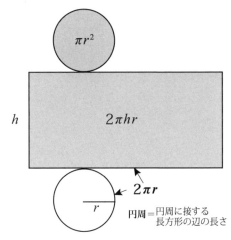

半径 r, 高さ h とすると，

側面積 $= 2\pi hr$

表面積 $= 2\pi hr + 2\pi r^2$

円周＝円周に接する長方形の辺の長さ

・円すいの側面積と表面積

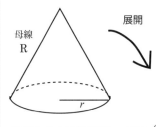
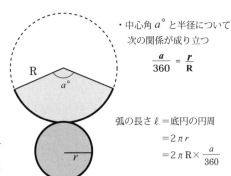

・中心角 $a°$ と半径について次の関係が成り立つ

$$\frac{a}{360} = \frac{r}{R}$$

弧の長さ ℓ ＝底円の円周
$= 2\pi r$
$= 2\pi R \times \dfrac{a}{360}$

側面積＝おうぎ形の面積 $= \pi R^2 \times \dfrac{a}{360}$
$= \pi r^2 \times \dfrac{360}{a}$

表面積＝側面積＋底面の円の面積
$= \pi R^2 \times \dfrac{a}{360} + \pi r^2$
$= \pi r^2 \times \dfrac{360}{a} + \pi r^2$

★回転体

- ℓ を軸にして長方形を回転させると円柱になる
- ℓ を軸にして直角三角形を回転させると円すいになる

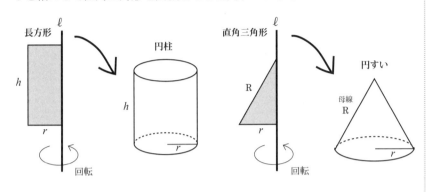

＊体積や面積の求め方については「立体の面積」の部分を参照

★投影図

- 平面図の部分は底面の形(「円」「三角」「四角」など)を表す
- 立面図の部分が長方形なら「柱」，三角形なら「すい」になる

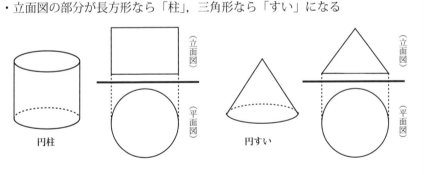

◆図形（平面図形・空間図形）

第39回	図形（平面図系・立体図形）①	学習日　　月　　日
演習テスト	なまえ	得点

(1) 次のア〜エのうち，辺BCと平行な辺はどれですか。
　　1つ選びなさい。（大阪）
　　　ア　辺AC　　　イ　辺AD
　　　ウ　辺DE　　　エ　辺EF

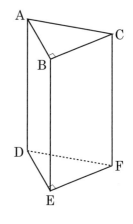

(2) 次のア〜カのうち，面DEFと垂直な辺はどれですか。
　　すべて選びなさい。（大阪）
　　　ア　辺AB　　イ　辺AC　　ウ　辺AD
　　　エ　辺BC　　オ　辺BE　　カ　辺CF

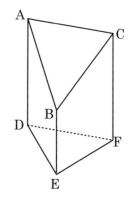

(3) 図において，次のア～オのうち，辺ABとねじれの位置にある辺はどれですか。すべて選びなさい。（大阪）

　ア　辺AC　　イ　辺BE
　ウ　辺CF　　エ　辺DE
　オ　辺EF

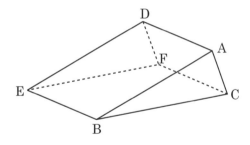

(4) 次のア～エは，道路標識である。線対称であるものをア～エから1つ選びなさい。（徳島）

　　ア　　　　　イ　　　　　ウ　　　　　エ

(5) 図のような，半径が9cm，中心角が60°のおうぎ形がある。このおうぎ形の弧の長さを求めなさい。ただし，円周率はπとする。（栃木）

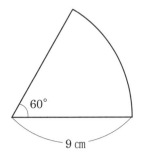

◆図形（平面図形・空間図形）

(6) 図のように，直方体の一部を切り取ってできた三角すいの体積を求めなさい。（栃木）

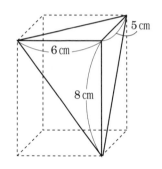

(7) 図のような，底面が1辺6cmの正方形で，側面が高さ8cmの二等辺三角形である正四角すいがある。この正四角すいの表面積を求めなさい。（栃木）

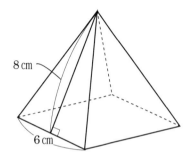

(8) 図は円すいの展開図で，底面の円の半径が3cm，側面のおうぎ形の半径が8cmである。側面のおうぎ形の中心角を求めよ。（京都）

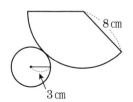

(9) 図のような直角三角形 ABC を,辺 AC を軸として1回転させてできる立体の体積は何cm³か,求めなさい。ただし,円周率はπとする。(兵庫)

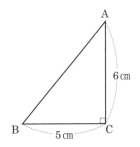

(10) 投影図で示された立体の名称を答えなさい。
(佐賀)

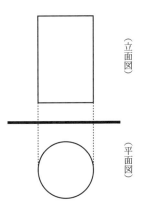

(1)		(2)	
(3)		(4)	
(5)		(6)	
(7)		(8)	
(9)		(10)	

◆図形（平面図形・空間図形）

第40回 演習テスト	図形（平面図系・立体図形）②	学習日　月　日
	なまえ	得点

(1) 図において，辺AEと平行な辺をすべて書きなさい。（石川）

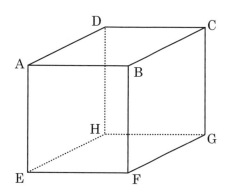

(2) 図の直方体で，面ABFEに平行な辺をすべて書きなさい。（滋賀）

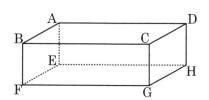

(3) 図において，辺を直線，面を平面とみたとき，平面EFGHと垂直に交わる直線は何本ありますか。（宮崎）

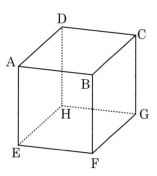

(4) 図のような，直方体 ABCD − EFGH がある。この直方体のすべての辺のうち，直線 CG とねじれの位置にある辺は全部で何本ありますか。
（岡山）

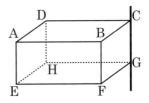

(5) 図のように，半径 3 cm，中心角 120°のおうぎ形 OAB があります。このおうぎ形の面積を求めなさい。ただし，円周率は π を用いなさい。（北海道）

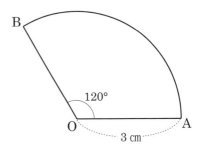

(6) 図のように，1 辺の長さが 5 cm の正方形 ABCD を底面とし，高さが 4 cm の正四角すい OABCD があります。この正四角すいの体積を求めなさい。（北海道）

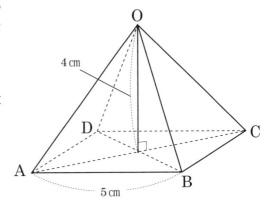

◆図形（平面図形・空間図形）

(7) 直方体 ABCD-EFGH の表面積は何 cm² か。
（長崎）

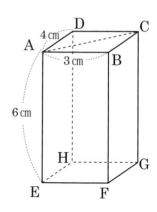

(8) 図は，円柱の展開図である。この円柱の体積を求めなさい。（福島）

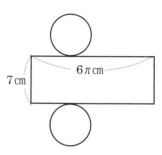

(9) 図で，長方形 ABCD を，辺 CD を軸として回転させてできる立体の体積を求めなさい。ただし，円周率は π とします。（岩手）

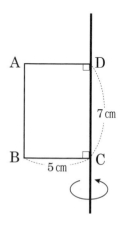

(10) 次の投影図で表された立体のうち，三角柱はどれか，ア〜エから1つ選びなさい。(徳島)

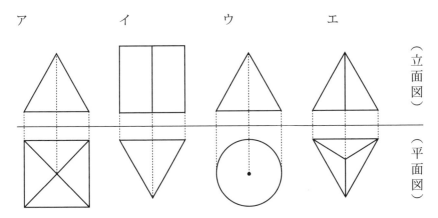

(1)		(2)	
(3)		(4)	
(5)		(6)	
(7)		(8)	
(9)		(10)	

◆図形(平面図形・空間図形)

第39回　図形(平面図形・立体図形) ①
(1) エ　　(2) ウ, オ, カ　(3) ウ, オ　(4) ア　　(5) 3π (cm)
(6) 40 (cm^3)　(7) 132(cm^2)　(8) 135°　(9) 50π (cm^3)　(10) 円柱

＜解説＞

・**ねじれの位置：平行でなく交わらない**

(1) 辺 AD と辺 DE はねじれの位置, 辺 AC は交わっている

(2) 辺 AB, 辺 BC はねじれの位置, 辺 AC は平行

(3) 辺 AC と辺 BE は交わっている, 辺 DE は平行

(4) ・**線対称な図形**

　　1つの直線を折り目に折るとぴったり重なる図形

線対称

(5) ・**おうぎ形の弧の長さ＝円周 × $\dfrac{a°}{360}$**

　　求めるおうぎ形の弧の長さは, $2\pi \times 9 \times \dfrac{60}{360} = 3\pi$ (cm)

(6) ・**すいの体積＝底面積×高さ× $\dfrac{1}{3}$**

　　求める三角すいの体積は, $\left(6 \times 5 \times \dfrac{1}{2}\right) \times 8 \times \dfrac{1}{3} = 40$ (cm^3)

(7)・表面積は展開図を描いて考える

$$6 \times 6 + \left(6 \times 8 \times \frac{1}{2}\right) \times 4$$

$$= 132 (\text{cm}^2)$$

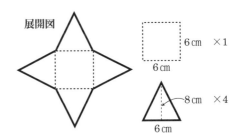

(8)・円すいのおうぎ形の部分と底円の関係

　おうぎ形の半径をR，中心角をa，
　底円の半径rとすると，次の関係が成り立つ

$$\frac{a}{360} = \frac{r}{R}$$

　側面のおうぎ形の中心角をaとすると，

$$\frac{a}{360} = \frac{3}{8} \quad これを解いて，a = 135°$$

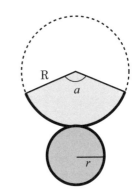

(9) 1回転させてできるのは
　円すいより，求める体積は，

$$(5 \times 5 \times \pi) \times 6 \times \frac{1}{3}$$

$$= 50\pi \ (\text{cm}^3)$$

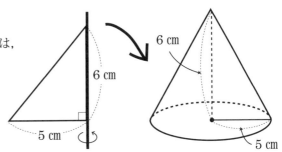

(10) 平面図の部分（底面）が「円」で，立面図の部分が「長方形」より，円柱

◆図形（平面図形・空間図形）

第40回　図形（平面図形・立体図形）②

(1) 辺BF, 辺CG, 辺DH　　(2) 辺CG, 辺GH, 辺HD, 辺DC

(3) 4本　　(4) 4本　　(5) 3π (cm^2)　　(6) $\dfrac{100}{3}$ (cm^3)　　(7) 108(cm^2)

(8) 63π (cm^3)　　(9) 175π (cm^3)　　(10) イ

＜解説＞

(1) 辺AEと平行な辺

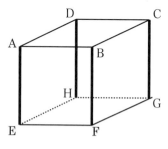

辺BF, 辺CG, 辺DH

(2) 面ABFEに平行な辺

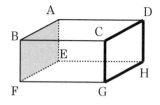

辺CG, 辺GH, 辺HD, 辺DC

(3) 平面EFGHと垂直に交わる直線

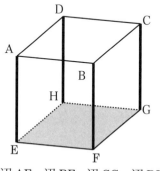

辺AE, 辺BF, 辺CG, 辺DH

(4) 直線CGとねじれの位置にある辺

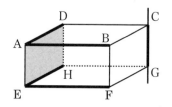

辺AD, 辺AB, 辺EH, 辺EF

(5)・おうぎ形の面積 = 円の面積 × $\frac{a°}{360}$ = $\frac{1}{2}$ × 弧の長さ × 半径

求めるおうぎ形の面積は，$3 \times 3 \times \pi \times \frac{120}{360} = 3\pi$ (cm²)

(6)・すいの体積 = 底面積 × 高さ × $\frac{1}{3}$

求める正四角すいの体積は，$5 \times 5 \times 4 \times \frac{1}{3} = \frac{100}{3}$ (cm³)

(7)・表面積は展開図を描いて考える

求める四角柱の表面積は，3種類の長方形
(4×3, 6×3, 6×4) が2つずつあるので，
$(4 \times 3 + 6 \times 3 + 6 \times 4) \times 2$
$= 108$ (cm²)

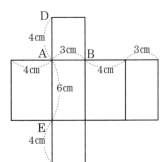

(8) 底円の半径を r (cm) とすると，［円周 = 円に接する長方形の辺の長さ］より，
$2\pi r = 6\pi$　　r = 3 (cm)
よって，求める円柱の体積は，
$3 \times 3 \times \pi \times 7 = 63\pi$ (cm³)

(9) 1回転させてできるのは円柱より，
求める体積は，
$(5 \times 5 \times \pi) \times 7 = 175\pi$ (cm³)

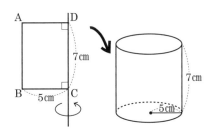

(10) 三角柱：平面図の部分（底面）が「三角」，立面図の部分が「長方形」

◆作図

●作図【指導のポイント】

＊学習時間をかけても得点力につながりにくい分野です。個別指導・家庭教師で扱う場合は，基本となる4つの作図法［垂線，垂直二等分線，角の二等分線，60°の角］にしぼって学習するのがポイントとなります。本書では，入試問題を題材とした例題と類題演習を扱います。

★垂線

［例題1］
点Pを通り直線に垂直な直線を定規とコンパスを用いて解答用紙の図に作図せよ。ただし，作図に用いた線は消さずに残しておくこと。（長崎）

P．

ℓ

・**垂線の描き方**
①点Pを中心とする円を描き，直線との交点をA，Bとする
②点A，点Bを中心とする等しい円を描き，その交点をQとする
③直線PQを引く

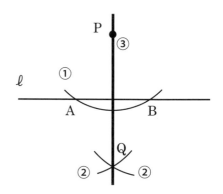

◆作図

★垂直二等分線

[例題2]
線分 AB がある。この線分 AB の中点を，定規とコンパスを用いて，作図によって求め，その点に●をつけなさい。ただし，作図に使った線は消さないで残しておくこと。(新潟)

A────────B

・垂直二等分線の描き方
①点 A を中心とする円を描く
②点 B を中心とする①と等しい大きさの円を描く
③2つの交点を結ぶ直線 ℓ を引く

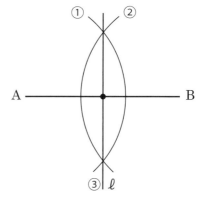

＊この問題では，線分 AB と直線 ℓ の交点に●をつける

＊垂線や垂直二等分線は，90°の角を作る際に応用できる

◆作図

★角の二等分線

[例題３]

∠AOBの二等分線を作図しなさい。ただし，作図に使った線は消さないこと。（青森）

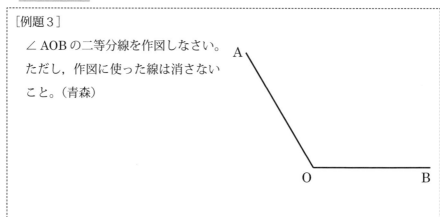

・角の二等分線の描き方

①点Oを中心とする円を描き，線分OA，OBとの交点を点C，点Dとする

②点C，点Dを中心とする等しい円を描き，その交点をPとする

③半直線OPを引く

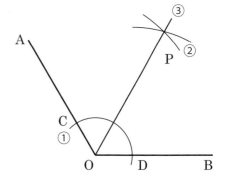

＊垂線と垂直二等分線を組み合わせると，45°の角が作れる

◆作図

★ 60°の角（正三角形）

［例題4］
図は，半直線 OA である。∠AOB = 60°となる半直線 OB を，定規とコンパスを使って1つ作図しなさい。なお，作図に用いた線は消さずに残しなさい。
（岐阜）

・60°の角の描き方

（正三角形の描き方）
①点 O を中心とする半径の長さが OA の円を描く
②点 A を中心とする半径の長さが OA の円を描く
③2つの円の交点を点 B とし，線分 OB を引く

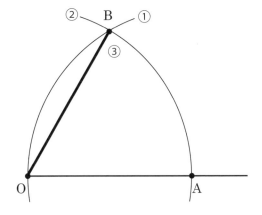

＊線分 AB を引けば，正三角形になる

＊ 60°の角と角の二等分線を組み合わせると，30°の角が作れる

◆作図

第41回 演習テスト	作図① なまえ	学習日　月　日 得点

(1) 図のように，直線 ℓ と，ℓ 上にない点 O がある。O を中心とする円が ℓ に接するとき，その接点 P を，定規とコンパスを用いて作図によって求め，P の位置を示す文字 P も書きなさい。ただし，作図に用いた線は消さないでおきなさい。
（福島）

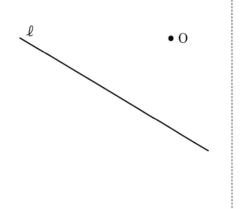

(2) 図において，線分 AB の垂直二等分線を定規とコンパスを用いて作図せよ。ただし，作図に用いた線は消さずに残しておくこと。（長崎）

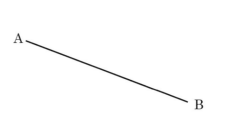

(3) ∠XOY の二等分線を,定規とコンパスを使って解答用紙に作図しなさい。作図に使った線は消さないで残しておきなさい。(岡山)

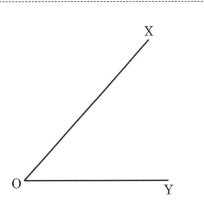

(4) 線分 AB を斜辺とする 3 つの角が 30°, 60°, 90°の直角三角形 ABC を定規とコンパスを利用して作図しなさい。ただし,作図に用いた線は消さずに残しておくこと。(沖縄)

第42回	作図②		学習日　月　日
演習テスト	なまえ		得点

(1) ∠AOBの二等分線を定規とコンパスを用いて作図せよ。ただし，作図に用いた線は消さずに残しておくこと。（長崎）

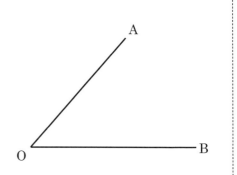

(2) 直線ℓと2点A，Bが同じ平面上にある。ℓ上にあって，A，Bから等しい距離にある点Pを，定規とコンパスを用いて作図によって求め，Pの位置を示す文字Pも書きなさい。ただし，作図に用いた線は消さないでおきなさい。（福島）

(3) 図のように，線分ABを直径とする半円がある。この半円の中心Oを，コンパスと定規を用いて作図しなさい。なお，作図に用いた線は，消さずに残しておきなさい。（鳥取）

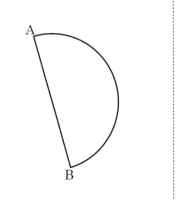

(4) 円Oの周上の点Pを通る接線を作図しなさい。ただし，作図には定規とコンパスを用い，作図に用いた線は消さずに残しておくこと。（山梨）

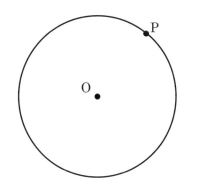

第41回 作図①

※他の描き方もあるが，指導上，最も一般的なものを［解答例］とした

(1)［解答例］

＊求める接点 P は，点 O から直線 ℓ への垂線との交点

①点 O を中心とする円を描き，直線 ℓ との交点を A，B とする

②点 A，点 B を中心とする等しい円を描き，その交点を Q とする

③半直線 OQ を引き，直線 ℓ との交点が点 P となる

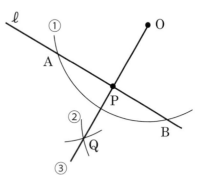

(2)［解答例］

＊AB の垂直二等分線

①A を中心とする半円を描く

②B を中心とする①と等しい大きさの半円を描く

③2つの交点を結ぶ直線 ℓ を引く

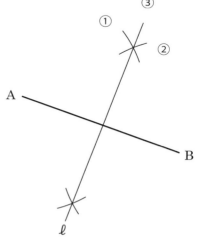

(3)〔解答例〕

＊角の二等分線

① 点 O を中心とする円を描き，辺 OX，OY との交点をそれぞれ点 A，点 B とする
② 点 A，点 B を中心とする等しい円を描き，その交点を P とする
③ 半直線 OP を引く

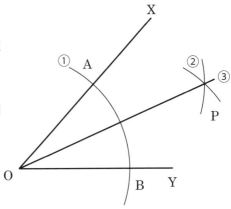

(4)〔解答例〕

＊正三角形を描く（∠60°）
→正三角形の角の二等分線を描く

① A を中心とする半径の長さ AB の円と，B を中心とする半径の長さ AB の円を描き，2つの円の交点を点 P とする
② 線分 AP，線分 BP を引く
　（正三角形 ABP ができる）
③ A を中心とする円を描き，線分 AP，線分 AB との交点をそれぞれ点 D，点 E とする
④ 点 D，点 E を中心とする等しい円を描き，その交点を Q とし，半直線 AQ を引く
⑤ 半直線 AQ と線分 BP との交点を点 C とする

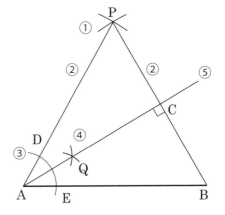

◆作図

第42回　作図②

(1) ［解答例］

＊角の二等分線

①点Oを中心とする円を描き，直線OA，OBとの交点を点C，点Dとする

②点C，点Dを中心とする等しい円を描き，その交点をPとする

③半直線OPを引く

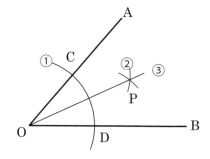

(2) ［解答例］

＊求める点Pは，線分ABの垂直二等分線と直線 ℓ との交点

①点Aを中心とする円と，点Bを中心とする等しい大きさの円を描く

②2つの交点を結ぶ直線mを引く（線分ABの垂直二等分線）

③直線 ℓ と直線mの交点を点Pとする

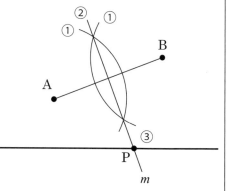

(3)［解答例］
＊求める中心 O は，線分 AB と AB の垂直二等分線との交点
①点 A を中心とする円を描く
②点 B を中心とする①と等しい大きさの円を描く
③２つの交点を結ぶ直線 ℓ を引き，直線 ℓ と線分 AB の交点が中心 O となる

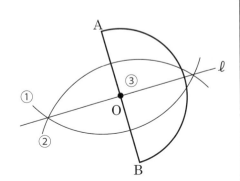

(4)［解答例］
＊円の接線は接点を通る半径に垂直する
①直線 OP を引く
②点 P を中心とする円を描き，直線 OP との交点を A，B とする
③点 A，点 B を中心とする等しい円を描き，その交点を Q とする
④直線 PQ を引く

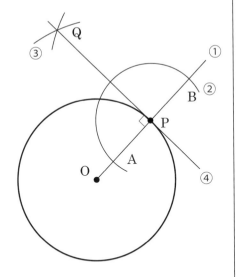

◆資料のちらばりと代表値

●資料のちらばりと代表値【指導のポイント】

＊授業進度上，3学期の学年末テスト後か2年生で扱う中学校が多く，定期試験での出題割合が低い分野です。指導上のポイントは，①資料の整理関連の用語の理解，②度数分布表とヒストグラム，③3つの代表値とその違い の3点です。

★度数分布表とヒストグラム

- 階級：資料のために整理に用いる区間
- 度数：階級に入っている資料の個数
- 範囲：資料の最大値と最小値の差　　（範囲）＝（最大値）－（最小値）
- 階級値：階級の中央値　　［例］8.0〜8.5の階級値は8.25
- 相対度数＝$\dfrac{その階級の度数}{度数の合計}$　［度数の合計に対する割合で100倍すると，パーセント（％）］
- 度数分布表：資料をいくつかの区間に分けて，階級ごとの度数を示し，分布のようすを見やすくした表
- ヒストグラム：度数分布表をもとに作成した，分布のようすがわかる柱グラフ

★3つの代表値

- 平均値：資料のすべての数値を足し合わせて，資料の総数で割った値
  ＊度数分布表から求めるときは，階級ごとに，
   　（階級の真ん中の値）×（相対度数）
   を求め，これらをすべて足し合わせた値を資料の総数で割れば求まる
- 中央値（メジアン）：資料の値を大きさ順に並べたときの中央の値
   　資料の数が偶数で，中央の値が2つあるときは，その平均が中央値
   　［例］中央値が7と8の場合，7.5
- 最頻値（モード）：度数が最も多い階級の真ん中の値
   　＊最頻値の数は必ずしもひとつとは限らないので注意

◆資料のちらばりと代表値

[例] 生徒10人のハンドボール投げの記録

| 記録(m) | 29 | 20 | 34 | 17 | 23 | 24 | 31 | 21 | 13 | 26 |

を**度数分布表**と**ヒストグラム**で表すと,

<度数分布表>

階級(m)	度数(人)	相対度数
以上　未満		
10 ～ 15	1	0.10
15 ～ 20	1	0.10
20 ～ 25	4	0.40
25 ～ 30	2	0.20
30 ～ 35	2	0.20
計	10	1.00

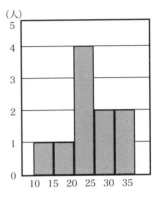

度数分布表(階級値)から求めた3つの代表値は,

$$平均値 = \frac{12.5 \times 1 + 17.5 \times 1 + 22.5 \times 4 + 27.5 \times 2 + 32.5 \times 2}{10} = \underline{24.0}$$

$$中央値(メジアン) = \frac{23 + 24}{2} = 23.5 \quad \leftarrow 大きさ順の5番目と6番目値の平均$$

$$最頻値(モード) = \frac{20 + 25}{2} = 22.5 \quad \leftarrow 最大度数は20～25$$

なお,数値から直接求めた平均値は,

$$平均値 = \frac{29 + 20 + 34 + 17 + 23 + 24 + 31 + 21 + 13 + 26}{10} = \underline{23.8}$$

第43回	資料のちらばりと代表値	学習日　　月　　日
演習テスト	なまえ	得点

(1) 資料は，ある中学校のバスケットボール部の最近8試合の得点である。得点の分布の範囲を求めなさい。(山梨)

50, 28, 62, 45, 38, 68, 70, 58　（点）

(2) 表は，あるクラスの生徒33人に対して50m走を実施し，その記録を度数分布表にまとめたものである。度数が最も多い階級の階級値を求めなさい。(栃木)

階級（秒）	度数（人）
以上　　未満	
6.0 ～ 7.0	3
7.0 ～ 8.0	11
8.0 ～ 9.0	14
9.0 ～ 10.0	4
10.0 ～ 11.0	1
計	33

(3) 図は，あるクラスの男子全体のハンドボール投げの記録をヒストグラムに表したものである。図において，例えば10から14の区間は，10m以上14m未満の階級を表したものである。26m以上30m未満の階級の相対度数を求めなさい。(富山)

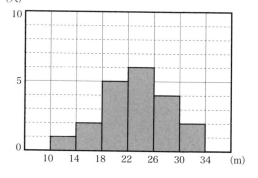

(4) 表は，ある中学校の3年生男子全体のハンドボール投げの記録を，度数分布表に整理したものである。26 m 以上投げた生徒の人数は，3年生男子全体の何%か。(東京)

階級 (m)	度数 (人)
以上　未満	
10 ～ 14	1
14 ～ 18	2
18 ～ 22	5
22 ～ 26	5
26 ～ 30	4
30 ～ 34	3
計	20

(5) 資料は，あるバスケットボール選手の10試合の得点（点）を示したものである。この得点の平均値と中央値（メジアン）をそれぞれ求めよ。(京都)

10試合の得点（点）：7, 33, 15, 5, 13, 9, 11, 6, 8, 7

(6) 図は，ある中学校の生徒20人が，1か月間に読んだ本の冊数と人数の関係を表したものである。中央値（メジアン）と最頻値（モード）を，それぞれ求めなさい。(兵庫)

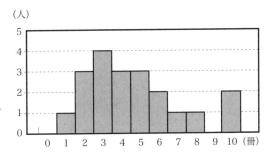

(1)		(2)	
(3)		(4)	%
(5)		(6)	中央値　　，最頻値

第43回　資料のちらばりと代表値

(1) 42点　(2) 8.5秒　(3) 0.2　(4) 35%

(5) 平均値11.4点，中央値（メジアン）8.5点

(6) 中央値4冊，最頻値3冊

<解説>

(1)・（範囲）＝（最大の値）－（最小の値）

より，70－28＝42（点）

(2)・階級値：階級の中央値

度数が最も大きい階級は，8.0～9.0秒の階級。よって，階級値は $\dfrac{8.0+9.0}{2}$ ＝8.5（秒）。

(3)・相対度数＝$\dfrac{その階級の度数}{度数の合計}$

ヒストグラムより，クラスの男子全体の数は20（人），26m以上30m未満の階級の数は4（人）なので，

$\dfrac{4}{20}$ ＝0.2

(4)・パーセント（%）＝相対度数×100

3年生男子の合計は20（人）で，このうち26m以上投げたのは4＋3＝7（人）より，

$\dfrac{7}{20}$ ×100＝35(%)

(5) 資料を小さい順に並べると，

[5, 6, 7, 7, 8, 9, 11, 13, 15, 33]

よって平均値は，

$\dfrac{5+6+7+7+8+9+11+13+15+33}{10}$

＝11.4（点）

中央値はデータを小さい順に並べたときの5番目と6番目の値の平均より，

$\dfrac{8+9}{2}$ ＝8.5（点）

(6) 中央値は冊数の少ない方から10番目と11番目の数の平均値だが，ともに4冊なので4冊

最頻値は最も多い冊数より3冊

◆あとがき（本書の作成にあたって）◆

　2007年より『高校受験3ヵ月で偏差値を30から60にする』シリーズを出版して以降，多くの教育関係者の先生方，とりわけ学習塾の関係者の方々と交流する機会が増えました。ここ数年，学習塾の経営者の方からは「社会的な変化もあり，講師の先生方（特に大学生）に十分な授業準備（時間外労働）をお願い（強要）することが難しくなった」「授業を担当する講師の先生の質，特に個別指導や家庭教師の先生の質が低下した」という声を，指導現場の先生方からは「できる生徒とできない生徒の二極化が進んだ」「個別指導や家庭教師の生徒の6～7割は（特に数学が）できない生徒」という意見を多く聞きました。

　そのような状況を見聞きするにつれ，大量の類題を収録した「塾用問題集」を解かせるという従来の学習塾や家庭教師における指導法の限界と新たな指導法や教材開発の必要性を感じるようになりました。

　そこで今回「数学が苦手な生徒が，定期テストで7割を取る教材」「短時間・短期間で成果（定期テストで平均点以上）がでる教材」「先生方の授業負担（授業準備や予習）を軽くする教材」「基礎学力を効果的につけることができる教材」をコンセプトとした本を企画・制作しました。難しい3割の内容を捨てることで指導内容は大幅に減り，テスト演習形式にすることで先生方の指導以外の時間確保を可能にし，方程式以降の解答解説を充実させることで過度な授業準備や予習をしなくても指導できる教材となったと自負しています。

　また，「教材の検証」という形で協力していただいた先生方には，この場を借りてお礼を申し上げます。

　2017年3月

　　　　　　　　　　　　　　　　　　　　　　　　　なかがわ　ひろし

■著者紹介■
なかがわひろし

早稲田大学在学中より複数の進学塾で講師を務める。卒業後は書籍編集者として，学習参考書・教科書副教材等の編集・制作を担当。現在，エール出版教育総合研究所・主任研究員として，中学・高校・大学受験等の調査・研究・執筆活動を行っている。

著書：『高校受験3ヵ月で数学の偏差値を30から60にする』
　　　『高校受験3ヵ月で英語の偏差値を30から60にする』
　　　『高校受験3ヵ月で理科の偏差値を30から60にする』
　　　『高校受験3ヵ月で社会の偏差値を30から60にする』
　　　『25歳からの看護学校・看護大学入試成功マニュアル』
　　　『医学部入試成功マニュアル』
　　　『センター試験で2ランク上の大学に入る』
　　　『センター試験で実力以上の大学に入る本』
　　　『全国医学部入試成功マニュアル』
　　　『医学部再受験成功マニュアル』
　　　『大学合格作戦必勝データブック』　　（以上・エール出版社）

編集協力．K.Hashimoto　T.Yoshimura　西原聖人

予習なしでも授業ができる！
個別指導・家庭教師の教科書
中1数学

2017年4月20日　初版第1刷発行

著者　なかがわひろし

編集人　清水　智則／発行所　エール出版社

〒101-0052　東京都千代田区神田小川町2-12　信愛ビル4F

電話　03（3291）0306／FAX　03（3291）0310

メール　info@yell-books.com

＊定価はカバーに表示してあります。

乱丁本・落丁本はおとりかえいたします。

© 禁無断転載

ISBN978-4-7539-3383-9